广西土地整治发展与实践

广西壮族自治区自然资源生态修复中心　编

黄飞波　叶宗达　陆小全 ◎ 主编

广西科学技术出版社

·南宁·

图书在版编目（CIP）数据

广西土地整治发展与实践 / 广西壮族自治区自然资源生态修复中心编；黄飞波，叶宗达，陆小全主编. 南宁：广西科学技术出版社，2024.7.--ISBN 978-7-5551-2270-8

Ⅰ.F321.1

中国国家版本馆CIP数据核字第2024T52P13号

广西土地整治发展与实践

广西壮族自治区自然资源生态修复中心　编

黄飞波　叶宗达　陆小全　主编

策　　划：何杏华

责任编辑：秦慧聪　　　　　　　　　　　　责任校对：夏晓雯

装帧设计：韦娇林　　　　　　　　　　　　责任印制：陆　弟

出 版 人：岑　刚

出版发行：广西科学技术出版社

社　　址：广西南宁市东葛路66号　　　　　邮政编码：530023

网　　址：http://www.gxkjs.com

印　　刷：广西民族印刷包装集团有限公司

开　　本：787mm×1092mm　1/16

字　　数：142千字　　　　　　　　　　　　印　　张：10.75

版　　次：2024年7月第1版

印　　次：2024年7月第1次印刷

书　　号：ISBN 978-7-5551-2270-8

定　　价：58.00元

编委会

耕地是农业生产的重要物质基础，土地整治是坚守耕地红线、促进节约集约用地的有效手段，是推动农业现代化的重要平台。广西从2001年开始实施农村土地整治项目，20多年来，实施土地整治项目1989个，建设总规模103.37万公顷，新增耕地5.4万公顷，新增耕地率5.23%。通过实施整村推进土地整治、整县推进土地整治、"小块并大块"土地整治、专项重大工程土地整治等，建成高标准基本农田1110.48万亩，项目区受益农民群众达1035万人，在促进耕地数量、质量、生态"三位一体"保护方面取得显著成效。通过制定《广西壮族自治区土地整治办法》并获自治区人民政府颁布实施，建立健全土地整治的管理制度、技术标准、技术规则等一系列内容，推动广西土地整治管理步入法治化轨道，广西的土地整治工作已经由点到面、由小到大，建立起比较系统完善的工作格局。

为更好地推动新时期广西土地整治高质量发展，切实做到理论联系实际、实践引领发展，广西壮族自治区自然资源生态修复中心经过精心策划，多方收集整合资料，深入分析研究，组织编写《广西土地整治发展与实践》一书。

本书由多名广西土地整治领域专家和来自土地整治工作一线的专业技术人员共同完成，以广西土地整治在前期摸索（2001—2003年）、起步发展

前言

（2004—2007 年）、全面推进（2008—2017 年）、成熟转型（2018—2022 年）四个阶段发展历程为主线，全方位、多角度梳理和挖掘广西土地整治 20 多年来的发展历程和项目典型案例，总结广西土地整治工作在项目实施、制度建设、模式创新、行业监管、技术研究等方面取得的丰硕成果，同时深入查找存在的突出矛盾和主要问题，科学分析广西未来几年面临的资源环境约束问题，进一步明确新时期广西土地整治发展战略。

进入新时代，"山水林田湖草沙生命共同体"理念和乡村振兴战略的提出，对土地整治提出了更高的要求。土地整治亟须面向土地综合整治转型升级，整治方式亟待创新，整治对象有待拓展，整治侧重有所改变。广西要以党的二十大精神为根本遵循，坚持系统治理观念，将绿色发展理念贯穿土地整治全过程，贯彻与落实"藏粮于地、藏粮于技"战略和乡村振兴战略，积极通过开展山水林田湖草沙一体化保护和土地综合整治，加快实施土地整治重大工程和重点任务，推动土地整治提档升级，进一步完善制度建设和土地科技创新，提高自然资源利用效率和优化国土空间布局，为统筹推进广西生态文明建设和土地整治高质量发展，以及促进新时代壮美广西建设夯实基础。

目录
CONTENTS

第一章

绪论

一、土地整治的概念

土地整治是对土地整理和土地开发整理的继承和发展，其概念不是固定不变的，是一个持续动态发展的过程。根据《土地整治术语》（TD/T 1054—2018）有关定义，土地整治是指为满足人类生产、生活和生态功能需要，依据土地整治规划及相关规划，对未利用、低效和闲置利用土地、损毁和退化土地进行综合治理的活动。

广义的土地整治包括土地开发、土地整理、土地复垦和土地修复。土地整治的对象涵括农用地、建设用地和未利用地，在范围上既包括农村地区，也包括城市化地区，是对一定区域内各类型土地的综合治理。

二、土地整治的类型

（一）土地开发

土地开发是对未利用土地，通过工程、生物或综合措施，使其达到可利用状态的活动，包括开发为农用地和开发为建设用地。

（二）土地整理

土地整理是在一定区域内，采取行政、经济、法律、工程和生物等措施，对田、水、路、林、村进行综合整治，对土地利用状况进行调整改造，对土地资源进行重新分配，提高土地质量和土地利用效率，增加有效耕地面积，改善生产、生活条件和生态环境的活动。

（三）农用地整理

农用地整理是以农用地为对象，通过实施土地平整、灌溉与排水、田间道路、农用地防护与生态环境保护等工程，提高土地质量，增加有效耕地面积，改善农业生产条件和生态环境的活动。

（四）建设用地整理

建设用地整理是以提高土地节约集约利用水平为目的，采取一定措施，对利用率不高的村镇用地、城镇用地、独立工矿用地、交通和水利设施用地等建设用地进行整治的活动。

（五）土地复垦

土地复垦是对生产建设活动和自然灾害损毁的土地，采取综合整治措施，使其达到可利用状态的活动。

（六）土地修复

土地修复是对受到污染或退化的土地采取综合整治措施，改变土地不良性状，恢复和提高土地生产能力的活动。

（七）生态型土地整治

生态型土地整治是以"山水林田湖草沙生命共同体"理念为指导，采用生态环保技术措施，实施土地整治，通过维持、修复和重建，提升土地生态系统服务与功能，提供绿色产品和优美景观，保护生物多样性，促进人与自然和谐共生。

（八）全域土地综合整治

全域土地综合整治是以国土空间规划为依据，在一定区域范围内，统筹推进农用地整治、建设用地整理和生态保护修复等，优化生产、生活、生态空间布局，提升空间功能和价值，促进耕地保护和土地节约集约利用，改善生产生活条件和生态环境，助推乡村全面振兴、城乡融合发展等战略落地实施的一项空间治理活动。

三、土地整治的基础理论

（一）人地关系理论

人地关系理论是研究人与自然之间相互作用、相互关系的理论，是指导土地整治的理论基础之一。人地关系理论告诉我们，要想实现人类社会的长期稳定发展，就必须遵守人与自然和谐共生的法则。通过自然系统和社会系统的有机耦合，创造出自然、空间、人类高度协调统一的复合人地系统。土地资源的可持续利用同样要遵守这一法则。作为土地利用的有效途径，土地整治是实现土地资源可持续利用的根本手段之一。

在土地整治过程中，要以人地关系理论为基础，在自然环境能承受的限度内对土地进行开发整理，以低碳为原则从事相关整治工作，对土地进行合理的规划与布局，改变粗放的土地经营模式，实现土地的节约集约利用，充分重视人地关系。对不合理利用的土地要进行有效的治理和生态恢复，尽可能地将被破坏的土地恢复到自然和谐状态，充分发挥土地的各种功能，降低其对人类的各种危害，实现人地关系的协调发展。

（二）生态经济学理论

生态经济学理论认为，土地生态经济系统是一个开放系统，人是土地生态经济系统中的重要组成部分，人能破坏原有的、生产力水平较低的生态系统，也能创造新的、生产力水平较高的生态系统。从生态经济学角度来看，任何一项土地利用技术措施和工程措施都可以带来收益，如开垦荒地，能扩大种植面积，可以给国家提供更多的商品；拦河筑坝，虽可以扩大灌溉面积和获得较廉价的电力等，但也可能带来未曾预料的严重后果，如造成风蚀和水蚀的危害或地面蒸发量增加而导致土地盐碱化等。因此，保持生态系统平衡，不等于回避人类对其干预和控制，而是科学地运用生态平衡以及系统内能量转换和物质循环的特性，去创造生物生产力更高的新的生态系统，以满足社会发展和人民生活日益增长的物质需求。

（三）土地经济学理论

土地经济学的研究领域包括三个方面，即土地利用经济、土地制度和土地价值。土地利用经济是指土地在国民经济各部门的分配与使用，具体包括土地资源勘察，技术经济评价，土地规划，土地开发、利用、保护与整治等方面的经济问题，研究的是人与土地之间的关系问题。土地制度是指土地所有制、土地使用制，以及土地国家管理制度的建立、演变及实施等方面的问题，研究的是土地利用中发生的人与人之间的经济关系问题。土地价值是指土地在权属转移及其收益分配中的价值形式与量化表现，研究的也是在土地利用中发生的人与人之间的经济关系，但其所涉及的是土地权属转移和土地收益分配中所发生的土地关系问题。

以上三个方面是互相联系的有机整体。合理利用土地是人类社会生存与发展的需要。土地作为生产力的基本要素被投入生产过程，必须在一定的社会制度下进行，而建立并维护合理的土地制度，是合理利用土地的根本保证。人们在土地利用中必然会发生土地权属的转移及土地收益的分配问题，因此，正确确定土地权属转移的条件和方式，合理分配土地收益，即合理确定土地价值形式并使其恰当量化，是正确处理土地关系、保证土地合理利用的重要手段。

土地整治在土地经济学理论的指导下，需要解决资源需求与政策供给不匹配的问题，要从自然资源整合背后的交易成本出发，实现成本—收益最优，并保持产权制度的平稳，提出合理利用土地、报酬最优的方案。

（四）生命共同体理论

"生命共同体"是习近平生态文明思想的重要内容，由"自然的生命共同体"和"人与自然的生命共同体"构成。它是基于对马克思主义生态自然观、中国传统生态文化观的承袭发展，以及习近平总书记对生态文明建设的长期探索实践而逐渐生成的。

生命共同体概念从理论建构和现实路径上继承和发展了系统论的主要观点。一方面，将"山水林田湖草沙"这一生物链看成一个有序的整体，并将人类置于这一系统之中，强调了人类与自然界的其他要素之间唇齿相依的共生关系。习近平总书记提出："生态是统一的自然系统，是相互依存、紧密联系的有机链条。人的命脉在田，田的命脉在水，水的命脉在山，山的命脉在土，土的命脉在林和草，这个生命共同体是人类生存发展的物质基础。"另一方面，习近平总书记以"生命共同体"概念为基础，提出了生态治理观。他认为对生态系统的治理要用系统论的思想方法看问题，切忌"种树的只管种树、治水的只管治水、护田的只管护田，很容易顾此失彼，最终造成生态的系统性破坏"。

"生命共同体"概念的提出，真正改变了长久以来治山、治水、护田等多部门各自为战的工作格局，开创了生态系统诸要素整体保护、综合治理、系统修复的治理模式。因此，要实现土地整治的综合发展功能，山水林田湖草沙的生命共同体建设是最重要的基础和保障——要把参与土地整治活动的人、自然、环境、资源等各要素视为一个耦合的生命共同体，基于生命共同体理论进行土地整治，有效促进土壤生态系统保护和生态恢复及重建，提高土地利用率，保障国家生态安全，推进生态文明建设国家战略目标的实现。

四、土地整治的内涵与目标

（一）土地整治的内涵

伴随着土地整治活动的兴起与发展，土地整治的内涵逐步发生变化，外延也逐步扩张。这一变化可分为四个阶段。

第一阶段是初步探索阶段"重协调"（1986—1997 年）。

初步探索阶段正值改革开放政策实施的初期，国内经济发展较快，随着"市场"概念的逐步引入，农用地尤其是耕地大量被转为林、果、渔用地，建设用地的大规模扩张致使耕地总量趋向减少，我国人多地少的矛盾进一步加剧。

自 1986 年 3 月《中共中央、国务院关于加强土地管理、制止乱占耕地的通知》（中发〔1986〕7 号）下发，提出"十分珍惜和合理利用每一寸土地，切实保护耕地"的基本国策以来，土地整理工作逐步被我国政府重视。伴随着国家土地管理局的成立，《中华人民共和国土地管理法》的正式实施和第一轮土地利用总体规划的编制实施，1997 年，中共中央、国务院出台《关于进一步加强土地管理切实保护耕地的通知》（中发〔1997〕11 号），对土地整理提出了明确的思路，即"积极推进土地整理，搞好土地建设"。至此，"土地整理"的概念第一次正式写入中央文件，随后一系列限制非农建设用地挤占耕地的相关法律法规及政府规范性文件相继出台。

这一阶段土地整理工作的主要目的是协调经济建设与耕地数量保护之间的关系，整治内容上以农用地整理为主，包括对田、水、路、林、村进行综合整治，提出了对土地建设、耕地质量、耕地有效面积、农业生产条件和环境等的具体要求。

第二阶段是快速发展阶段"重点工程"（1998—2007 年）。

1998 年，由地质矿产部、国家土地管理局、国家海洋局和国家测绘局共同组建国土资源部。1999 年修订的《中华人民共和国土地管理法》明确提出"国家鼓励土地整理"和"国家实行占用耕地补偿制度"。2001 年，国土资源部编制实施的《土地开发整理规划编制规程》（TD/T 1011—2000）对引导土地整治工作有序开展提出了明确的规划目标、任务和主要内容，规范了土地开发整理规划的编制工作。2003 年 3 月，国土资源部颁布的《全国土地开发整理规划（2001—2010）》，包含了土地整理、土地复垦和土地开发三项内容。2004 年，《国务院关于深化改革严格土地管理的决定》（国发〔2004〕28 号）提出的建设用地增减挂钩为城乡建设用地布局调整提供了政策依据。2001 年，国家安排了第一批土地整理项目（通过国家计划方式下达），标志着我国土地整治工作的全面推进。

由此，土地整治以"土地整理复垦开发"为标志，在内涵上进一步整合。王万茂、韩桐魁主编的《土地利用规划学》提出土地整治是指"改变土地利用的不利生态环境条件的综合措施"，更多的研究以"土地整理复垦开发"为标志，高度强调耕地保护，核心在提高耕地数量、提升耕地质量，逐步落实到具体的土地开发、整理和复垦工程，体现为对土地资源及其利用方式的再组织和再优化过程，在实施过程中，力求运用当前科学技术，在保护环境资源与生态空间的同时，更系统、更有计划地推进治理保护和建设优化项目，土地整治工程的实施受到高度重视。

第三阶段是扩张阶段"重统筹"（2008—2017 年）。

2008 年，国土资源部下发《关于开展土地整治规划编制工作的通知》，开始编制新一轮《全国土地整治规划（2011—2015 年）》，在概念上进行统一，选择了"土地整治"这一术语，土地整治被赋予新的内涵，取代并拓展了上一阶段的"土地整理"概念。"十二五"期间，国务院分别于 2012 年和 2013 年批准了《全国土地整治规划（2011—2015 年）》和《全国高标准农田建设总体规划（2011—2020 年）》，对全国土地整治工作作出了进一步明确的要求，随后推出了关于高标准基本农田、耕地质量等一系列的政策文件。2013 年，党的十八届三中全会审议通过的《中共中央关于全面深化改革若干重大问题的决定》提出"山水林田湖是一个生命共同体"，标志着土地整治将向综合化方向发展。2016 年，《中共中央、国务院关于落实发展新理念加快农业现代化实现全面小康目标的若干意见》明确指出，要"大力实施农村土地整治"，希望通过土地整治促进农业现代化发展，实现三产融合。

这一阶段，从土地开发整理到土地整治，不是概念上的简单替换，而是内涵的明确与外延的扩展。土地整治不仅是继续落实最严格的土地管理制度、大力推进耕地保护和节约集约用地的有效手段，而且是打破城乡二元结构、加快推进新农村建设和城乡统筹发展的重要途径。我国土地整治在范围上开始由农村土地向城镇工矿用地扩展。从单纯的农田整理，向多维综合方向发展，与村庄整治相结合，与城市化、工业化发展相结合，与城乡一体化发展相结合。

第四阶段是全面推进阶段"重综合"（2018 年至今）。

2018 年，国土资源部提案建议全面实施土地综合整治助推乡村振兴。2018 年 3 月，国务院机构改革，整合国土资源部、国家发展和改革委员会、住房和城乡建设部、水利部、农业部、国家林业局、国家海洋局、国家测绘地理信息局的相关职责，组建自然资源部。2019 年，自然资源部印发《关于开展全域土地综合整治试点工作的通知》（自然资发〔2019〕194 号），指出要按照《乡村振兴战略规划（2018—2022 年）》相关部署要求，组织开展全域土地综合整治试点工作。同时明确了全域土地综合整治的重点任务，即农用地整理、建设用地整理、乡村生态保护修复、乡村历史文化保护。这也是首次在土地综合整治任务中提出"乡村生态保护修复"。2020 年 6 月，自然资源部印发《全域土地综合整治试点实施要点（试行）》（自然资生态修复函〔2020〕37号），围绕试点乡镇的选择、区域的划定、耕地和永久基本农田保护的要求、整治内容的审查、实施保障等方面明确了土地整治的核心问题。

这一阶段，土地整治被赋予更深层次的内涵，目标与任务更加多元化，更强调一体化统筹管理，提出通过"田水路林村"和"山水林田湖草"综合整治提升人类的生活和生产条件，从单纯的土地整治发展到"全域土地综合整治+"，不仅包括田水路林村综合治理、工矿等废弃地复垦利用、城乡低效利用土地再开发等传统整治内容，还包括城乡用地综合整治、陆海统筹整治和流域协调整治等。"全域土地综合整治"概念的提出，更明确地强调了整治的主体、客体、内涵，更具备系统性、战略性与综合性，更关注时代诉求和现实需要，以服务国家顶层战略为导向，已然成为统筹推进现代化建设、生态文明建设、乡村振兴和城乡融合的重要抓手。

从土地整治发展四个阶段的变化可以看出，随着内涵的变化与外延的不断拓展，土地整治由自然性工程转变为综合性社会工程，成为保发展、守红线、促转变、惠民生的基础平台，已上升为国家层面的战略部署，对国家粮食安全战略、新农村建设战略、城乡统筹发展战略起到重要支撑作用。从实施项目范围上看，由相对分散的土地开发整理项目向集中连片的综合整治转变，并从农村延伸到城镇；从整治目标上看，由以增加耕地数量为主向增加耕地数量、提高耕地质量、改善生态环境并重，并与推进城乡统筹发展相结合转变；从整治手段上看，已由以项目为载体向以项目、工程为载体，结合城乡建设用地增减、工矿废弃地复垦等政策的综合运用转变；从整治内容上看，由以农用地整理为主转向以农用地、农村建设用地、城镇工矿建设用地、未利用地开发与土地复垦等综合整治活动为主。

（二）土地整治的目标

根据土地整治的内涵和国际上对土地整治的经验与认识，结合我国国情和当前研究重点，我国土地整治应当完成以下目标。

一是通过土地整治，改善土地利用结构，增加耕地数量，实现耕地占补平衡和耕地数量动态平衡，保障我国耕地资源的可持续利用。

二是通过对"田水路林村"进行综合整治，提高耕地质量，改善土地生产条件，提高粮食产能，保障我国粮食安全。

三是通过废弃地整治、零散地归并、节水工程建设等，促进资源的节约利用，实现国家建设节约型社会的战略目标。

四是通过土地整治和生态工程建设，改善环境，维护生态平衡，实现土地利用的环境友好目标。

五是通过开展土地整治，大力推进农业生产设施建设，调整土地权属关系，促进城乡协调发展和人与自然的和谐，最终实现城乡统筹和经济社会的和谐发展。

六是通过土地整治改善农村地区的生产和生活条件，振兴乡村经济，维护乡村景观和文化，维护土地利用的伦理、生态文明和道德规范。

第二章

广西土地整治
发展概况

一、广西土地整治发展历程

广西在土地整治实施过程中，经历了从单一的农田建设目标到总体农村发展目标、从单个项目规划设计到区域性农田整体发展规划、从原国土资源部门行业自建到政府统筹安排的建设模式转变，并在此过程中不断地改进土地整治工程的实施流程和实施方式，主要经历了以下四个发展阶段。

（一）前期摸索阶段（2001—2003 年）

前期摸索阶段是广西土地整治工作的起始阶段，这一阶段广西的土地整治工作主要是申报实施国家土地整理项目，建立健全各级土地整理机构，厘清项目管理实施权限；编制专项规划，规范全区土地开发整理活动；明确各级国土资源部门审批权限。

项目实施方面，以申报国家土地整理项目、申请中央资金支持为主，主要落实《全国土地利用总体规划纲要》和《全国土地整治规划》等相关规划；设立自治区及各市县土地整理中心，健全机构设置，建立县级以上土地开发整理项目库，开展相应的业务活动。在这一阶段，立项及规划设计审查权限主要由国土资源部掌握，项目实施由自治区国土资源厅负责组织，市、县国土资源管理部门负责协助开展相关工程的施工工作。

政策制度建设方面，自治区国土资源厅等部门出台《关于进一步加强土地开发整理规划管理工作的通知》(桂国土资发〔2012〕116 号)、《广西壮族自治区投资土地开发整理项目管理暂行办法》(桂国土资发〔2011〕20 号)、《土地开发整理规划编制和实施管理若干意见》，制定《市级土地开发整理规划审查报批办法》，规定全区所有土地开发整理活动都必须符合土地利用总体规划和土地开发整理规划，明确土地开发整理项目的申报审查、立项审批、规划设计、项目实施和检查验收都必须依据土地开发整理规划进行。

（二）起步发展阶段（2004—2007 年）

起步发展阶段，广西土地整治工作进一步发展和完善。在这一阶段，专项规划编制完成并开始实施；出台一系列规范性文件，进一步完善项目审批程序和实施管理。土地整治逐渐步入规范化管理的轨道。

2004 年，《广西土地开发整理规划》颁布实施，提出全面推进农田综合整理，积极稳妥地开展农村居民点整理，及时复垦工矿废弃地，加大对历史遗留废弃地的复垦力度，适度开发宜耕土地后备资源，提高耕地质量与土地利用效率，进一步加强基本农田保护，促进经济与社会可持续发展的总体目标。规划划定 11 个土地开发整理重点区域，安排五类土地开发整理重大工程，涉及 189 个重点项目，预计增加耕地面积 50411.85 公顷，为全区土地整治工作的开展指明方向。

为更好地规范及推进项目实施，这一阶段出台了一系列规范性文件，制定了《广西壮族自治区关于土地整理项目管理办法》《关于建立土地开发整理项目库有关问题的通知》《广西自治区级土地开发整理项目地形测绘技术规定》《广西壮族自治区土地开发整理项目管理暂行办法》等多个规章制度，标志着广西土地开发整理项目选址、评估论证、立项入库、规划设计及预算下达、项目实施及竣工验收等工作全部步入规范管理轨道。

这一阶段，在申报国家土地整治项目的基础上，自治区开始安排专项资金组织实施自治区土地整治项目，自治区投资土地整治项目的立项、设计审查、项目实施监管、验收权限集中在自治区国土资源厅，土地整理的相关技术性事务性工作由自治区国土资源厅土地整理中心负责，各市、县土地整理中心作为项目承担单位，具体负责项目申报、组织规划设计和工程施工管理等工作。

（三）全面推进阶段（2008—2017 年）

随着 2008 年国土资源部下发《关于开展土地整治规划编制工作的通知》（国土资发〔2010〕162 号），开始编制新一轮《全国土地整治规划（2011—2015 年）》，广西按照国家的部署，优化管理权限，组织实施重大工程，进一步完善政策及技术标准体系，全面推进土地整治工作。

这一阶段，土地整治项目的立项、规划审批、实施监管、竣工验收等工作逐步下放到市县一级，各级国土资源部门对土地整治项目建设的责任分工进一步明确。自治区不断探索土地整治新模式，成功申报并实施了"桂中农村土地整治""兴边富民土地整治"等重大工程，创新开展了"整村推进""整县推进""小块并大块"等土地整治工作，形成了"先建后奖、以奖代补、以补促建"的良性循环模式。广西土地整治由点到面进入规模化建设阶段，土地整治项目由单个项目区建设转向区域化集中建设。

从 2008 年起，经过多年来的土地整治实践，广西积累了一定经验，相继出台了《广西壮族自治区土地开垦项目管理办法》、《广西壮族自治区土地整治项目管理暂行办法》（桂国土资发〔2011〕20 号）、《广西壮族自治区土地整治项目竣工验收办法》（桂国土资发〔2011〕28 号）、《广西壮族自治区土地整治专项资金管理办法》（桂财建〔2010〕244 号）、《广西土地整治项目专家库专家管理暂行办法》（桂国土资办〔2011〕3 号）等一系列指导土地整治的规范性文件，出台了广西壮族自治区土地整治工程地方标准，广西土地整治政策标准体系得到进一步完善。

（四）成熟转型阶段（2018—2022 年）

2018 年国家机构改革后，广西主动探索土地整治转型发展，开展生态型土地整治、国土综合整治与生态修复试点。2018 年 11 月 12 日，自治区自然资源厅正式挂牌成立。2019 年自然资源部印发《关于开展全域土地综合整治试点工作的通知》（自然资发〔2019〕194 号）后，广西在前三个阶段工作的基础上，积极推动土地整治与多元要素的跨界融合，鼓励社会资本参与土地整治，部署实施全域土地综合整治试点工作。

2020 年 7 月 30 日，经自治区人民政府同意，自治区自然资源厅印发了《关于开展全域土地综合整治助推乡村振兴意见的通知》（桂自然资规〔2020〕9 号），提出了全域土地综合整治总体要求、重点任务、支持政策和保障措施，要求到 2020 年，全区实施不少于 20 个全域土地综合整治工程；到 2022 年、2025 年，全区各县（市、区）实施全域土地综合整治工程分别达到 3 个以上、10 个以上。广西土地整治进入了全要素、全区域实施的综合治理的新阶段。

同时，广西为深入贯彻落实中共中央、国务院《交通强国建设纲要》精神，加快推进交通强国建设广西试点工作，部署开展了交通项目沿线土地综合整治试点工作，选定水口—崇左—爱店公路（崇左至爱店口岸段）沿线土地综合整治项目申报国家试点，探索交通项目建设与土地综合整治融合发展新路径，进一步丰富了全域土地综合整治内涵。

二、广西土地整治实践概况

经过多次大规模土地整治工程建设，广西土地整治事业得到了不断的发展与进步。在增加有效耕地面积，提升耕地质量，提高土地的利用率和产出率；改善农村生产、生活条件和生态环境，增加农民收入；促进新农村建设，促进城乡统筹发展等方面做出了巨大贡献。

从 2001 年广西开展土地整治以来至 2018 年国家机构改革前，广西的自治区财政投资实施土地整治项目共 1989 个，建设总规模 1033730.591 公顷，投资总规模 2760025.491 万元，新增耕地 54015.672 公顷，新增耕地率为

5.225%。2001—2018 年广西土地整治项目建设情况见表 2-1。

表 2-1　2001—2018 年广西土地整治项目建设情况汇总统计表

年份	投资规模/万元	建设规模/公顷	新增耕地/公顷	新增耕地率	新增项目数/个
2001	3636.000	1535.000	797.000	51.922%	4
2002	0	0	0	0	0
2003	12487.000	3844.680	2001.320	52.054%	11
2004	30431.000	14311.040	2150.600	15.028%	22
2005	47609.320	23847.362	5589.528	23.439%	77
2006	30244.706	15002.972	1163.538	7.755%	38
2007	30170.500	15332.493	985.770	6.429%	19
2008	58683.855	24738.798	3331.312	13.466%	122
2009	377109.864	101485.829	20301.988	20.005%	429
2010	606583.950	191187.362	9109.172	4.765%	244
2011	275270.980	73921.692	2293.478	3.103%	134
2012	257158.380	68779.127	1901.021	2.764%	119
2013	353943.760	156299.156	1000.011	0.640%	230
2014	413904.224	210553.919	2553.923	1.213%	309
2015	4131.340	1475.810	40.860	2.769%	3
2016	0	0	0	0	0
2017	255066.283	130812.275	795.357	0.608%	225
2018	3594.330	603.078	0.795	0.132%	3
总计	2760025.491	1033730.591	54015.672	5.225%	1989

从表 2-1 中可以看出，广西土地整治项目数量总体呈递增的趋势。主要原因体现在两个方面：一方面，得益于政府对土地整治的资金投入不断增加，实行的土地整治惠农激励政策充分调动了各地开展土地整治的积极性；另一方面，得益于国家启动和推进高标准农田建设工作，依托土地整治大规模开展高标准农田建设。

从广西各市开展土地整治项目的数量来看，项目数量最多的市为崇左市。2001—2018 年，崇左市共完成土地整治项目 225 个，占广西土地整治项目总数的 11.31%，其中土地开发项目 148 个，土地整理项目 32 个，土地整治项目 45 个；其次是来宾市，土地整治项目数量 221 个，占广西土地整治项目总数的 11.11%，其中土地开发项目 15 个，土地整理项目 29 个，土地整治项目 177 个。各市土地整治项目数量见图 2-1。

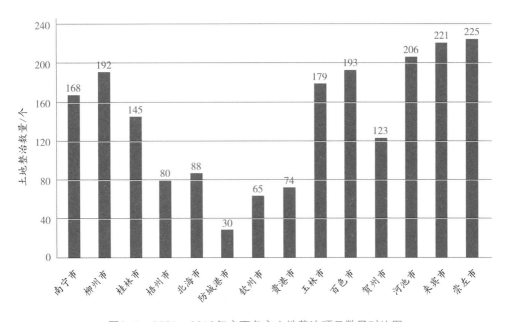

图2-1 2001—2018年广西各市土地整治项目数量对比图

从广西土地整治项目类型来看，自治区财政投资土地整治项目以土地整理为主，项目投资占比达 96.77%。2001—2018 年广西各类土地整治项目的建设情况和投资规模详见表 2-2。

表 2-2 2001—2018 年广西土地整治项目建设和投资规模汇总统计表

年份	新增项目数量/个	建设规模/公顷		小计	投资规模/万元		小计
		土地开发	土地整理		土地开发	土地整理	
2001	4	1535.00	0	1535	3636.00	0	3636.00
2002	0	0	0	0	0	0	0
2003	11	1577.79	2266.89	3844.68	5894.00	6593.00	12487.00
2004	22	0	14311.04	14311.04	0	30431.00	30431.00
2005	77	0	23847.36	23847.36	0	47609.32	47609.32
2006	38	0	15002.97	15002.97	0	30244.71	30244.71
2007	19	0	15332.49	15332.49	0	30170.50	30170.50
2008	122	3106.72	21632.08	24738.80	9179.16	49504.69	58683.85
2009	429	19560.05	81925.78	101485.83	69109.20	308000.67	377109.87
2010	244	74.87	191112.49	191187.36	1225.00	605359.00	606584.00
2011	134	0	73921.69	73921.69	0	275271.00	275271.00
2012	119	0	68779.13	68779.13	0	257158.38	257158.38
2013	230	0	156299.16	156299.16	0	353943.76	353943.76
2014	309	0	210553.92	210553.92	0	413904.22	413904.22
2015	3	0	1475.81	1475.81	0	4131.34	4131.34
2016	0	0	0	0	0	0	0
2017	225	0	130812.28	130812.28	0	255066.28	255066.28
2018	3	0	603.08	603.08	0	3594.33	3594.33
合计	1989	25854.43	1007876.17	1033730.60	89043.36	2670982.20	2760025.50

三、广西土地整治的主要成效

经过四个阶段的努力，广西土地整治各项工作取得新进展，形成一批重要成果，在助力广西经济社会高质量发展方面取得显著成效。

（一）耕地数量和质量并重，夯实了粮食安全根基

2001—2018 年，广西实施土地整治项目 1989 个，建设总规模 103.37 万公顷，新增耕地 5.4 万公顷，新增耕地率 5.23%。通过实施整村推进土地整治、整县推进土地整治、"小块并大块"土地整治、专项重大工程土地整治等项目，建成高标准农田 1110.48 万亩（1 亩 ≈ 0.067 公顷），项目区受益农民群众达 1035 万人。通过土地整治项目实施，增加了耕地面积，提升了耕地质量，粮食产能明显提高，实现了农业增效、农民增收。

（二）改善农业生产条件，促进了现代农业发展

广西通过实施土地整治项目，对田间道路、生产路进行改扩建，有效改善了项目的交通状况，便于农田机械化耕作，推进了农业机械化；通过农田水利设施建设，优化农田灌排条件，形成较为完善的农田灌排系统，扩大节水灌溉面积，减少农业灌溉用水量，改善灌排条件，解决了水土不匹配的问题；通过土地平整，归并零散地块，推动土地条块化建设，实现了耕地集中连片。项目建设使项目区内的农业基础设施更加完善，建立了较完备的道路网，田间道路通达率达到 90% 以上，基本形成田成方、渠成网、路相通、林成行的格局，更加适合机械化作业，农业生产条件得到进一步完善，有利于土地的规模化和集约化经营，推进了农业现代化建设。

（三）拓展农民收入来源，提高农民生活水平

广西通过实施土地整治项目，实现耕地质量提高、耕地面积增加、农业规模化与产业化经营；在种粮大户参与种植与经营等诸多因素的共同作用下，带动农业增效、农地增产、农民增收，改善农民的生活水平；"惠农、富农、强农"效应突出，在实施兴边富民土地重大工程后，项目区内引入现代农业规模种植，降低了农业生产成本，项目区内农民人均年收入提升

1772.40元，有效增加了农民收入，助力民族团结、社会稳定、边防稳固的战略目标加速实现。同时，通过参与土地整治工程建设，有效解决了农民就业问题，土地整治成为增加农民收入的有效途径。

（四）改善农田生态环境，促进农田生态系统稳定

广西以土地整治工程建设为依托，加强项目区内的农田生态保护，通过实施土地平整、田间道路、农田水利、农田渍水净化等工程，提高田块保水保肥能力、降低水土流失风险、提高旱涝防灾能力、保护农田生物多样性，有效解决了农业面源污染问题，优化了农田、村庄、林、水、路等生态景观，改善了农田生态环境，促进了农田生态系统的稳定。

（五）建立健全管理制度和探索实施模式，推动土地整治规范化

为了适应土地整治管理要求，原广西国土资源部门在国家出台一系列加强和规范农村土地整治政策的基础上，建立健全土地整治的管理制度、技术标准、技术规则等一系列规范，构建工作机制，积极探索项目实施模式。在土地整治制度建设方面，制定《广西壮族自治区土地整治办法》并获自治区人民政府颁布实施，推动广西土地整治管理步入法治化轨道。除此之外，还制定出台管理制度57项，其中前期工作管理制度11项、项目施工及后期管理制度10项、参建单位及专家库管理制度3项、项目资金管理制度15项、监督检查制度5项、综合管理制度13项，推动土地整治制度不断创新，管理逐渐规范。在土地整治实施模式方面，创新实施了整村推进土地整治项目模式、整县推进土地整治项目模式、"小块并大块"土地整治奖补模式等。将土地整治项目与贫困地区的扶贫产业相结合，推动精准扶贫的土地整治模式，发挥土地整治在新农村建设和城乡统筹发展中的基础

平台作用。

四、广西土地整治存在问题

土地整治项目涉及内容较广，是一个复杂而专业化的领域。经过 20 多年的努力，广西的土地整治工作确实取得了一定的成效，许多地区的农业经济结构也得到了改善。但是，随着土地整治工作的深入，项目实施过程中仍存在一些问题，亟须各级人民政府进一步重视，加大管理力度，才能充分实现土地整治项目各个阶段的任务目标。

（一）规划统筹推进机制有待加强

土地整治规划涉及面广，规划编制时应注重与各部门、各行业编制的交通、水利、农业、林业、环保、旅游、城镇、风景名胜区等相关规划协调衔接。如果前期编制统筹协调不到位或后期规划各自调整，各部门规划间就会存在矛盾。规划实施出现冲突时，如何组织有关部门进行协调、怎么协调处理等统筹协调机制还未建立；基层政府部门在平衡各方利益、整合资源方面协调不够，会削弱规划实施效果。

（二）项目重申报、轻实施

随着土地整治工作的推进，各市、县人民政府逐渐意识到土地整治对助力经济社会发展的作用，均积极开展项目申报。但部分土地整治项目在申报成功后，出现实施环节多、协调难度大、施工监理不到位等问题，导致部分项目规划设计变更频繁，不能按时完成或者完成质量不高的现象，部分地区出现重申报、轻实施的情况。

（三）后期管护不到位

后期管护是影响土地整治综合效益发挥的关键。随着广西土地整治工作的深入，逐渐发现部分项目存在"重建设、轻管护"的问题，主要有以下原因：一是后期管护政策滞后。由于缺乏后期管护相关政策，土地整治项目验收后多交由村集体管理，质保期短；村集体缺乏长效管理机制，土地整治项目后期管理不到位的情况非常普遍。二是缺乏专项管护资金。在土地整治项目竣工并交付使用后，因缺乏专项管护资金，水利、道路等设施损坏后，一般由使用方出资修复，但因村集体经济情况不一，有很多工程损坏后没有及时修复，致使土地整治成效无法达到预期效果。三是涉及土地权利人多。农村土地多为集体土地，其土地使用权为一家一户、分散经营，造成土地整治项目涉及土地权利人数量众多，土地权属相对复杂，造成项目后期管护落实难。

（四）科技创新和信息化应用有待加强

新形势、新常态下的土地整治工作，应朝着更专业化、精细化和信息化的方向发展。广西自开展土地整治以来，研究制定了土地整治类工程技术标准7项，主要针对项目管理技术，但对应土地整治项目建设过程的工程技术、施工工艺、新材料、新装备等具体应用的研究较少，对遥感技术、地理信息系统、全球定位系统等信息化手段的应用较为有限，在大数据、人工智能等手段的引入方面较为薄弱。土地整治科技创新能力和监测监管信息化新技术应用水平还有待加强。

（五）公众参与度不够

土地整治涉及农户众多，需要注重公众参与，营造"管理民主"的社会保障环境。但在实际的工作开展中，在公众参与方面并没有实现预期的效果，主要体现在以下三个方面：一是在参与土地整治项目设计和征求意见阶段，农民主体意识不强，公众的参与度相对较低，导致项目设计和决策的科学性和民意性不足，难以实现公众的参与和共享。二是在土地整治项目实施过程中，公众的监督和参与意识较弱。由于公众对土地整治项目的了解不深入，缺乏相应的监督意识和能力，关注点侧重在项目涉及的搬迁腾房及地上附着物、青苗等补偿标准，对项目使用需求、建设内容和标准、项目过程监管、项目质量等关注度不高，对项目实施和监管参与较少。三是在土地整治项目的验收工作中，公众的参与权和知情权没有得到充分保障。土地整治项目的验收是评估项目成果和效果的重要环节，需要公众的参与和监督。然而，在实际工作中，公众往往缺乏对验收过程的了解和参与机会，无法有效地监督和评估项目的质量和成果，公众权益保护不到位。

（六）行业队伍参差不齐

20多年间，广西土地整治行业建设和管理日趋规范，土地整治机构队伍不断发展壮大，系统优势初步显现，对土地整治事业发展的支撑保障作用不断增强，但仍存在行业队伍参差不齐的问题，主要体现在以下三个方面：一是部分管理者在土地整治行业中的专业素养不足，缺乏土地整治相关的背景和经验，导致其在项目管理和决策过程中存在一定的困难。二是土地整治行业的人员数量不足。土地整治是一项庞大的工程，需要大量的专业人才参与其中。然而，各级土地整治机构从业人员数量相对较少，无法满足项目的需求。三是部分参建单位对土地整治技术标准的掌握和认识不足。土地整治涉及大量的技术标准和规范，由于部分参建单位人员对技术标准的掌握和理解不足，导致少数工程质量无法得到有效保证。

（七）资金来源渠道单一

2018 年以前，广西土地整治资金主要来源于政府财政投入，虽然财政资金能提供相对稳定的资金支持，但土地整治是一项系统工程，单靠财政投入难以满足资金需求，也无法适配项目多样化发展。2018 年 12 月，自治区自然资源厅联合自治区财政厅、自治区农业农村厅印发《关于引导和规范社会资本参与土地整治项目建设的指导意见》，开始鼓励社会资本参与土地整治，并逐渐形成以社会资本投入为主的局面。但无论是早期主要依靠政府财政投入，还是后续对社会资本的高度依赖，相对单一的资金来源渠道，都不利于土地整治工作的持续开展。

第三章

广西土地整治
典型模式

广西实施土地整治主要有六大典型模式，分别为整村推进土地整治模式、整县推进土地整治模式、"小块并大块"土地整治模式、专项重大工程土地整治模式、生态型土地整治模式和全域土地综合整治模式。广西土地整治主要是以保护和合理利用农用地、促进节约集约用地为根本出发点，着力于增加有效耕地面积、提高耕地质量、保障粮食安全、改善农村基本生产生活条件。一是通过土地开垦或整理，增加有效耕地面积，促进耕地动态平衡，落实耕地保护政策；二是开展土地整治，建成"集中连片、设施配套、高产稳产、抗灾能力强"的高标准基本农田，夯实现代农业生产基础；三是通过土地平整，推动土地流转，促进农业产业化经营，增加农民收入，促进人民生活富裕；四是改善农田灌排系统，优化农田路网结构，有效解决农田灌排"最后一公里"和田间道路不通的难题，为农业生产提供良好的基础条件；五是改善农田生态环境，通过土地整理，使原来的荒草坡地及裸露地变为有效耕地，提高植被覆盖率，项目区农田生态环境进一步改善；六是通过适度村庄建设，优化村庄屯内道路，建设生活排水沟，打通村庄路网，改善农村脏乱差的生活环境，建成生态宜居的生活空间。

一、整村推进土地整治模式

（一）总体概况

为严格落实我国土地保护的基本国策，以保护和合理利用农用地、促进节约集约用地为根本出发点，着力于增加有效耕地面积、提高耕地质量、保障粮食安全、改善农村基本生产生活条件，促进新农村建设和城乡统筹发展，2009 年自治区人民政府办公厅印发《关于印发广西整村推进土地整治重大工程实施方案的通知》（桂政办发〔2009〕194 号），决定按照"符合规划、集中连片、突出综合整治的示范效应"原则，以流域（水系）和区域性整治为主，坚持"五个相结合"，突出"五个重点区域"，在全区整村推进"田、水、路、林、村"土地整治重大工程，旨在通过集中资金统筹开展高标准农田建设、建设用地整理、废弃地复垦、未利用地开发和小型农田水利设施建设，促进农村土地节约集约利用，提高耕地质量、增加有效耕地面积，确保实现耕地占补平衡；创建一批布局合理、生产生活方便、生态环境改善的示范新村，促进城乡统筹发展。"五个相结合"是指整村推进项目要与基本农田保护、现代农业发展、新农村建设、城乡用地增减挂钩、地质灾害防治相结合。"五个重点区域"包括基本农田重点分布区、粮食主产区、特色农业示范区、新农村建设示范区、后备资源富集区。

2009—2013 年，全区共实施整村推进土地整治项目 441 个，涉及 4060 个村。实施规模 247941.31 公顷，总投资 927592.98 万元，建设高标准农田规模 189582.53 公顷，新增耕地面积 7862.72 公顷，具体实施情况见表 3-1。

表 3-1 2009—2013 年广西整村推进土地整治实施情况表

年度	新增项目 数量/个	实施规模 /公顷	预算总投资 /万元	建设高标准基本 农田规模/公顷	新增耕地面积 /公顷
2009	78	42158.70	160364.77	38851.10	1505.70
2010	100	57779.16	215358.95	42009.10	2084.22
2011	134	73921.69	275270.98	51671.49	2293.48
2012	119	68779.13	257158.38	52843.08	1901.02
2013	10	5302.63	19439.90	4207.76	78.30
合计	441	247941.31	927592.98	189582.53	7862.72

（二）主要做法

1. 强化组织领导和部门协作

自治区层面成立整村推进土地整治重大工程领导小组，由自治区人民政府分管领导担任组长，国土资源、财政、发改、农业、卫生、水利、交通、环保、建设、监察、审计、林业、粮食、扶贫等相关部门为成员单位，建立"政府主导、国土部门牵头、相关部门配合、群众参与"的协同联动工作机制，各市、县人民政府也建立相应的组织领导机构，共同推进土地整治。同时，要求地方政府和发改、农业、卫生、水利、交通、环保、建设、林业、粮食、扶贫等相关部门应尽可能整合各项涉农资金，集中投入项目区建设，形成资金使用合力，发挥整体效益。

2. 整村推进，科学规划、合理建设

以"村"为单位，由政府统筹实施，按照"全域规划、全域设计、整体推进"的思路，统筹协调同一区域内的各类投资项目，开展全域范围内村庄及农田的统一规划、统一设计和统一整治，结合城乡风貌改造，开展村庄基础设施的更新建设。项目重点向粮食主产区、特色农业区、基本农田保护区、中低产田改造区、自治区新农村建设示范区倾斜。重点在广西北部湾经济区、桂中治旱区、城乡风貌改造区、沿边地区、重要交通干线等地区实施整村推进土地整治重大工程，实现项目合理建设。

3. 以县为基本责任单位，实行目标管理责任制

对整村推进土地整治重大工程实行目标管理责任制，落实责任人，签订目标责任状，层层抓落实。项目所在地的县人民政府主要负责人为项目建设第一责任人，对项目建设的规划、进度、质量、安全、资金使用管理和完成建设目标任务负主要责任。项目所在地的县级国土资源管理部门作为项目承担单位，负责项目的具体组织实施工作。

4. 成立乡镇土地整治工作协调小组，充分调动农村基层组织和农民群众参与的积极性

项目所在乡镇成立整村推进土地整治工作协调小组，人员由项目所在乡镇政府负责人、村党支部书记、村委会主任及有组织号召能力的村民代表组成，具体负责群众宣传、工程监督、矛盾纠纷协调等工作，充分调动农村基层组织和农民群众参与项目建设的积极性和主动性。项目以农民是否欢迎和受益为标准安排建设内容，把国家支持和农民投工投劳有机结合起来，鼓励农民通过投工投劳得到收益和实惠，充分发挥农民在土地整治工作中的主体作用，保障农民权益。

二、整县推进土地整治模式

（一）总体概况

依据党的十八大关于"三农"工作的有关精神和国家在"十二五"规划期间对土地整治工作的总体要求，为有效落实《国务院关于全国土地整治规划（2011—2015 年）的批复》（国土资发〔2012〕23 号）和《广西壮族自治区土地整治规划（2011—2015 年）》，完成国家下达的广西 1336 万亩高标准农田建设任务，2013 年，自治区决定在全区范围开展整县推进高标准基本农田土地整治重大工程（简称"整县推进土地整治工程"）建设。整县推进土地整治工程以建成高标准基本农田为主要目标，以国家高标准基本农田示范县、全国基本农田保护示范区、自治区粮食主产县和整村推进重大工程实施效果显著的县（区）为重点，按照"缺什么、补什么"的原则，通过集中区域的土地整治项目建设达到提高耕地质量等级、优化土地利用布局和建设高标准基本农田的目标，为加快发展县（区）现代农业，增强农业综合生产能力，确保国家粮食安全和重要农产品有效供给提供有力支撑。

广西整县推进高标准基本农田土地整治重大工程共实施 714 个项目，实施规模 468693.04 公顷，总投资 923077.67 万元，建设高标准基本农田规模 365005.83 公顷，具体实施情况见表 3-2。

表 3-2   广西整县推进高标准基本农田土地整治重大工程实施情况表

分期	实施年度	项目数/个	实施规模/公顷	总投资/万元	高标准农田规模/公顷
整县推进一期	2013	180	127326.84	253989.00	102043.08
整县推进二期	2014	309	210553.92	413904.22	169049.06
整县推进三期	2017	225	130812.28	255184.45	93913.69
合计		714	468693.04	923077.67	365005.83

（二）主要做法

1. 建立区市联席会议制度，严格实施问责

原自治区国土资源厅和自治区财政厅与整县推进土地整治工程所在地的市人民政府签订共建协议，各市人民政府与县级人民政府签订整县推进土地整治工程建设责任状。原自治区国土资源厅定期或不定期召开整县推进土地整治工程建设区市联席会议，向各市分管领导通报各县整县推进土地整治工程实施情况，协调解决有关重大问题，明确下一阶段工作目标任务，将会议情况以纪要的形式抄报自治区人民政府；对项目建设出现严重问题的，自治区将暂停其项目资金的拨付和项目所在县（市、区）建设用地审批。

2. 统筹县域规划，实行高标准建设

按照"全县规划、分批实施、整体推进"的思路，结合当地农业发展规划、城镇规划、土地利用总体规划、产业布局规划、交通建设规划等，分析辖区内的土地整治后备资源条件，按照"缺什么、补什么"的原则，统筹全县的各类涉农建设工程，以项目为载体，统一部署、统一步骤、统一标

准，高质量高标准推进各项工程建设。

3. 聚合资金，建立巡查抽查工作机制严格项目管理

按照"渠道不变、集中投入、各计其效"的原则，以新增建设用地土地有偿使用费、耕地开垦费等资金为基础，聚合各地各部门相关涉农资金，集中投入项目区建设，最大限度地发挥项目区高标准基本农田的示范效应。同时，筹集的配套资金按照"资金性质不变、管理渠道不变、各司其职、各计其功"的原则进行管理，各级地方政府在实施整县推进重大工程建设中建立巡察抽查工作机制，严格执行自治区土地整治相关政策、技术规范及管理制度，因地制宜，加强项目建设管理，保质保量按时完成各项建设任务。

三、"小块并大块"土地整治模式

（一）总体概况

20 世纪 80 年代，我国开展了以家庭联产承包责任制为主导的农村土地改革，随着农业产业化推进和市场经济体制的深化完善，单个农户承包耕地"面积小、地块多、分布散、机耕难、效益低"等问题凸显。1996 年，崇左市龙州县上龙乡上龙村弄农屯 5 户农户商议将自家的承包地进行土地置换，在不改变各自原有土地承包总面积的基础上，就近互换土地，将小块田地并作大块进行耕作，提高了土地利用率，降低了劳动强度。其后的 10 余年间，"小块并大块"的做法在龙州县得到普及，成为推进当地农业发展的有力杠杆。政府引导和帮助农户将分散的责任田集中整合后，重新分配土地经营权，促进土地、资金、技术等生产要素优化组合，解放农村生产力，实现了农业增效、农民增收、农村繁荣的目标。2011—2012 年，自治区国土资源厅在充分调研崇左市龙州县农户自发调整田块土地权属的做法后，总结其实践经验，经报自治区人民政府同意，自治区国土资源厅联合相关厅局

在 2012 年出台了《关于鼓励农民自发开展耕地整治工作的意见》(桂国土资发〔2012〕57 号)，鼓励农民在自愿的前提下，自发开展以零碎田块归并平整、土地承包经营权调整和配套设施建设为主要内容的耕地整治，自治区采取"先建后奖"方式予以资金支持。通过探索符合广西实际的激励性耕地保护新模式，整治区域内的农村土地利用格局明显优化，耕地质量和综合生产能力明显提高，农民生产条件和生活环境明显改善，土地承包经营权流转和适度规模经营取得明显成效。2014 年，自治区国土资源厅在农户自发整治奖补的基础上，结合国家农业产业现代化和经营规模化的要求，将土地流转后的种植专业大户、家庭农场、农民合作社和农业产业企业等农业经营主体也列入了奖补的范围，并联合自治区财政厅、自治区农业厅出台《关于印发自治区"小块并大块"耕地整治以奖代补专项资金管理暂行办法的通知》(桂财建〔2014〕298 号)，对奖补标准和条件、奖补资金申报材料及程序等进行了规定，提高了该项政策的实用性，使其更加"接地气"。

2015—2018 年，全区"小块并大块"耕地整治实施面积为 504071.92 亩，种植大户、家庭农场、农民合作社和农业产业化企业等农业经营主体获得以奖代补专项资金 24079.44 万元，具体情况见表 3-3。

表 3-3   "小块并大块"耕地整治实施情况表

年份	实施面积/亩	奖补资金/万元
2015	237524.41	10861.87
2016	103308.06	6935.45
2017	64520.72	4422.65
2018	98718.73	1859.47
合计	504071.92	24079.44

（二）主要做法

1.坚持政府引导，农民自愿

"小块并大块"耕地整治的实施主体是整治耕地的农村集体经济组织或农民（包括联户），耕地互换的范围限制在同一村集体经济组织内部，农民自愿是实施"小块并大块"耕地整治的前提，各级政府主要负责研究制定政策措施，加强指导监督，发挥引导和推动作用。在群众参与方面，一是农民民主议定，召开村民大会讨论"并地"方案、成立工作小组等事宜，并在获得三分之二以上村民同意后方可实施；二是农民自行实施，由村民组成工作组，核实原地块地类和面积并张榜公示，待村民没有任何异议后，由村民自行组织实施；三是规范分地及登记，在"小块并大块"耕地整治完成后，按农户人口、并地后耕地面积，采取随机抽取方式，造册登记并签字确认，再由群众向政府申请换发农村土地承包经营权证。

2.强化企业参与，探索创新整治模式

稳定农村土地承包关系，鼓励和支持承包土地向专业大户、家庭农场、农民合作社流转，大力支持发展多种形式的新型农民合作组织，培育壮大龙头企业，因地制宜地探索实施与现阶段"小块并大块"耕地整治相适应的新模式。一是大户承包经营构建家庭农场模式；二是"并户联营"构建农民专业合作社经营模式，该模式可实现农户与农民专业合作社收益共享、风险共担；三是"公司＋基地＋农户"新型农场模式。

3.打开土地流转新模式，着力解决地块"碎片化"

大力推行耕地"小块并大块"集约化调整，对零星分散的耕地破除田埂后以打桩的形式确定界址，重新分配到户，重新规划生产道路，对一些废弃空闲地、围村林进行了整理，将"碎片化"的地块集中起来实现连片经营，形成"田成方、路相通、渠相连"的格局，为农业生产机械化、标准化和规模化打下良好基础。在桂中地区，部分县借助建设"双高"基地的契机，实行耕地连片经营，探索农村土地流转新模式，实现经营产业化，推动全区糖料蔗产业生产发展。

4. 以政策为保障，深化土地整治新模式

结合保护耕地和加快高标准基本农田建设需要，进一步鼓励农民自发实施"小块并大块"，把土地整治的决策权、建设权交给农民，政策支持是关键。自治区国土资源厅与自治区财政厅、自治区农业厅联合出台了《关于鼓励农民自发开展耕地整治工作的意见》（桂国土资发〔2012〕57号）、《自治区鼓励农民自发开展"小块并大块"耕地整治以奖代补专项资金管理暂行办法》（桂财建〔2012〕357号）、《关于印发自治区"小块并大块"耕地整治以奖代补专项资金管理暂行办法的通知》（桂财建〔2014〕298号）等有关配套政策，形成了"先建后奖、以奖代补、以补促建"的以农民或农业经营主体作为建设主体的"小块并大块"耕地整治奖补新模式，成为土地整治工作除由政府部门组织项目建设以外的有益补充。

四、专项重大工程土地整治模式

（一）广西兴边富民土地整治重大工程

1. 总体概况

为贯彻落实中央脱贫攻坚、生态文明建设工作要求，执行藏粮于地、藏粮于技战略部署，有力地推进广西边疆经济发展，2018年，根据国家《兴边富民行动"十三五"规划》（国办发〔2015〕50号）、《全国土地整治规划（2016—2020年）》（国土资发〔2017〕2号）和《关于进一步做好中央支持土地整治重大工程有关工作的通知》（国土资发〔2018〕30号）的要求，自治区国土资源厅会同自治区财政厅向自然资源部、财政部申报了广西兴边富民土地整治重大工程，获得自然资源部同意，并落实 3.48 亿元支持广西兴边富民土地整治重大工程实施。

广西兴边富民土地整治重大工程计划实施 64 个子项目，为了确保重大工程达到预期目标，后又增加了 4 个子项目纳入重大工程，切实保障了建设成效。最后广西兴边富民重大工程涉及防城港、百色、崇左 3 个市 13 个县，共实施了 68 个子项目（其中土地整治项目 32 个、耕地提质改造项目 19 个、土地开垦项目 17 个），实施规模 20064.66 公顷，建成高标准农田 13911.9 公顷，新增耕地 922.25 公顷，完成土地平整 1578.01 公顷，建设水利渠道 1155.64 公里、蓄水池 54 座、泵站 48 座，修建田间道路和生产路 1133.09 公里、防冲护岸 20.77 公里、村屯道路 861.45 公里，排污管 15.49 公里，村内垃圾池 111 座，有效改善边境地区农业基础设施和村庄风貌。

2. 主要做法

（1）明确各方职责，落实责任分工。自广西兴边富民土地整治重大工程获得国家批复以来，自治区人民政府及有关部门高度重视项目建设，通过《广西兴边富民土地整治重大工程总体实施方案》明确各级人民政府与各部门工作职责和任务分工，及时成立广西兴边富民重大工程办公室，统筹协调项目建设进度，群策群力解决困难，共同推进项目实施，建立"政府负责、部门协同、公众参与、上下联动"的共同责任机制。各市、县（市、区）结合地方实际，完善组织管理，建立以本级政府分管领导为组长的工作领导小组，强化了"政府主导、国土搭台，部门联动、农民参与"的组织模式，层层落实包保责任制，明确工作责任，强化对项目建设的指导、协调和督促，确保了重大工程的顺利验收。

（2）完善制度，规范项目建设。为保障项目顺利实施，自治区先后出台了《关于印发广西兴边富民土地整治重大工程实施方案的通知》（桂自然资发〔2018〕6 号）、《关于印发广西兴边富民土地整治重大工程实施指导意见的通知》(桂自然资发〔2018〕15号)、《关于印发广西兴边富民土地整治重大工程成效评估指导指南和项目档案管理指导指南的通知》(桂自然资办〔2019〕272号)、《关于印发广西兴边富民土地整治重大工程整体验收工作方案的通知》(桂自然资办〔2019〕384号)等一系列文件,明确项目建设目标任务,部署实施建设计划,落实各级政府和有关部门职责,强化实施管理要求,建立项目督查、成效评估、档案管理和整体验收等工作机制,进一步完善重大工程管理制度,夯实项目管理基础。

(3)优化管理机制,提升监管效能。兴边富民重大工程项目规模大、投入多,涉及群众多、项目区域广,监管难度大,且存在较大的廉政风险。为强化项目监管,保障资金安全,自治区国土资源厅从2018年开始实行红黑榜制度,加强检查督办,每月根据各市县上报的进度表,对排名前三名的市县进行红榜通报,对后三名的市县进行黑榜通报,连续三个月被列黑榜通报的市县,由自治区国土资源厅约谈市、县国土资源局主要领导。在项目资金管理方面,实行专项管理、专款专用、单独核算;以项目为载体,按项目安排资金,按工程进度拨款,定期检查,以保证项目的正常运行。建立健全项目会计核算制度、内部稽核制度和审计监督制度,对项目资金实行全过程的财务管理与监督;严格要求项目资金竣工决算,规范项目的业绩考评和追踪问效,使项目资金发挥最大的经济效益。

(4)改善边疆地区人居环境,助力脱贫攻坚。在重大工程建设中,允许将重大工程子项目工程施工费的15%用于村庄建设,并引导项目区群众参与项目实施建设、工程质量监督等工作,促进项目区部分贫困人口以临时务工、投工投劳等形式实现当地就业。有效推进项目涉及村屯的新农村建设,改善项目区群众的生产生活环境,进一步巩固和发展边境地区经济增长、社会进步、民族团结、边境安宁的良好局面。

（二）桂中农村土地整治重大工程

1. 总体概况

2010 年，为促进广西经济社会又好又快发展，财政部、国土资源部、广西壮族自治区人民政府在北京共同签订了《整体推进农村土地整治示范区协议》，全面实施桂中农村土地整治重大工程（简称"桂中重大工程"）。桂中重大工程是全国十个整体推进农村土地整治示范建设工程之一，是全区实施的第一个国家重大工程项目。该工程以土地整治和城乡建设用地增减挂钩为平台，以增加耕地数量、提高耕地质量，改善农村生产生活条件为目标，以"政府主导、国土搭台、部门联动、农民自主参与"为组织方式，结合乐滩水库灌区工程建设，统一规划、统筹资金，整体推进桂中地区田、水、路、林、村、房综合整治，促进新农村建设和城乡统筹发展，同时力争将桂中农村土地整治重大工程建设成为全国典范工程。

桂中农村土地整治重大工程共 143 个项目，实施规模 200 万亩，投入资金 39 亿元，涉及南宁市（宾阳县）、来宾市（兴宾区、合山市、象州县、武宣县、忻城县），实施期为 2010—2013 年，分两批实施，第一批 49 个项目，整治规模 66.11 万亩，投入资金 12.8923 亿元；第二批 94 个项目，整治规模 133.89 万亩，投入资金 26.1077 亿元。

2. 主要做法

（1）结合乐滩水库灌区工程建设，实施中低产田改造。2011 年的中央一号文件首次聚焦水利建设，提出"把水利作为国家基础设施建设的优先领域，把农田水利作为农村基础设施建设的重点任务，把严格水资源管理作为加快转变经济发展方式的战略举措"的基本思路，第一次在党的重要文件中全面深刻阐述水利在现代农业建设、经济社会发展和生态环境改善中的重要地位，第一次将水利提升到关系经济安全、生态安全、国家安全的战略高度，第一次鲜明地提出水利具有很强的公益性、基础性和战略性。全自治区紧紧抓住乐滩水库灌区建设这一历史机遇，新（修）建小型灌溉水源设施和排灌配套设施，提高耕地旱涝防灾能力，着力解决桂中旱区缺水的问题，力争实现桂中从"旱区"到"粮仓"的华丽转身。

（2）政府主导，建立工作联动机制。广西桂中农村土地整治重大工程以政府主导、国土搭台、部门联动、农民自主参与的组织方式开展农村土地综合整治。市、县、乡层层成立桂中农村土地整治重大工程建设工作领导小组，下设指挥部或办公室，抽调相关部门精干人员集中办公，确保人员、责任、经费"三到位"。将土地整治建设目标和年度建设任务分解下达到乡镇，具体落实到村，层层签订责任状。强化督查考核，将该项工作纳入乡镇年度工作目标责任制考核内容，要求各乡镇每个月上报一次工作进展情况，强化了乡镇部门的责任意识，通过上下联动，形成了强大的工作合力。

（3）整合各类资源要素，统筹推进示范村建设。在政府统筹安排下，以土地整治项目作为平台，通过合理使用项目区村屯建设资金的15%，充分聚合各部门涉农资金，优先投入广西桂中重大工程各项目区内，特别是选定的示范村、改造村等，充分发挥资金集聚效应。结合建设用地置换，解决旧房拆迁、迁村并点等问题，统筹推进示范村建设，推动建成布局合理、配套齐全、生态优美、生活宜居的31个示范村和319个改造村，真正做到发挥土地整治的示范效应。

（三）桂西五县土地整治项目

1.总体概况

为贯彻落实党的十七大关于加大对革命老区、民族地区、边疆地区、贫困地区发展扶持力度的精神，尽快改变百色市边远山区的凌云县、乐业县、田林县、西林县、隆林各族自治县（以下简称"桂西五县"）基础设施落后的面貌，加快桂西五县经济社会发展，推进全面建设小康社会进程，实现富裕文明和谐新广西，自治区党委、自治区人民政府决定从2008年下半年至2009年底，分两个年度，集中人力、物力、财力，在桂西五县开展基础设施建设大会战，统筹各部门共实施十九类项目建设。土地管理设施及农田整理是大会战的项目建设类型之一，发挥着改善基本农田基础设施条件、促进耕地保护的作用。

桂西五县基础设施建设大会战土地整理项目共35个，建设总规模7321.74公顷，新增耕地面积245.18公顷，批复总投资24140.78万元。

2. 主要做法

（1）强化组织领导，加强统筹协调。各县成立以政府领导为组长，以县的国土、财政、农业、水利、交通、环保、审计等部门及乡（镇）人民政府、村委会为主要成员单位的项目实施领导小组，明确各部门职责分工，领导小组具体负责项目的组织管理、协调和重大事项的决策等工作，有力推动项目实施。

（2）统筹规划、突出重点。将桂西五县土地整理项目与土地利用总体规划、土地开发整理专项规划和相关部门规划相衔接，重点向具有土地整理基础条件的地区、重点粮食生产区倾斜。项目选点时多方面了解各部门涉农资金重点投入区域，争取集中投入、综合治理项目区的基础设施，切实改善农民的生活条件和生态环境，有效防止低效投入和重复投资。

（3）因地制宜，科学设计。项目规划根据各县自然、社会经济发展情况和土地利用状况，结合社会主义新农村建设规划，着重解决农民群众最迫切需要解决的农业生产基础设施薄弱和农村人居环境差等问题。项目规划要从实际出发，科学设计，统筹安排，避免盲目扩大规模、提高标准或留下资金缺口。

（4）树立典型，提供示范和借鉴。每个县选择1个实施区域较为集中、规模较大、实施预期成效较好、能够结合新农村建设且具有区域特点的项目作为大会战土地整理的示范项目，适当提高土地整理的标准，为全区各市、县实施项目提供典型示范和借鉴。

（四）大石山区五县土地整治项目

1. 总体概况

开展大石山区五县（都安瑶族自治县、大化瑶族自治县、隆安县、马山县、天等县）土地整理，是贯彻落实自治区党委、自治区人民政府关于开展大石山区五县基础设施建设大会战的重大决策，以实际行动支持大石山区经济建设的具体表现。2008 年，自治区国土资源厅印发《关于加强大石山区五县土地整理项目实施管理工作的通知》（桂国土资办〔2008〕248 号），积极推进大石山区五县土地整理项目实施。

大石山区五县土地整理项目涉及 3 个市 5 个县，实施完成 63 个项目，建设总规模 14310.34 公顷，新增耕地面积 371.089 公顷，总投资 25363.91 万元。

2. 主要做法

（1）建立工作机制，加强组织领导。各县国土资源管理部门按照"政府主导、国土牵头、部门和乡村配合、群众广泛参与"的工作机制，项目所在地的县成立领导小组，项目领导小组由县人民政府领导担任，成员为国土、财政、水利、农业、林业等各相关部门的主管领导。项目领导小组负责指导项目实施、验收和协调处理项目相关问题。在当地党委、政府的统一领导下，有效推动项目的实施。

（2）强化监督管理，确保施工质量。项目领导小组对项目实施情况加强跟踪指导，以巡察、抽查的方式全面掌握工程质量、进度和安全等方面的情况，定期或不定期地组织召开由承担单位、施工单位、监理单位、设计单位、项目所在乡（镇）人民政府及当地群众代表参加的现场办公会，及时协调解决施工过程中存在的问题，充分发挥领导小组的领导指挥作用，确保施工质量和资金安全。

（3）尊重民意，接受群众监督。按照"政府主导、国土牵头、部门和乡村配合、群众广泛参与"的管理思路，项目实施坚持以人为本，尊重民意，实施过程中充分征求农民意见，切实增强项目区农民群众获得感，并在实施过程中落实农民群众参与工程实施监管的具体行动，配合开展施工质量监督工作，确保工程质量。

（4）加强专项资金管理，确保专款专用。制定了《大石山区土地整理项目资金县级财政审核报账制管理办法》（桂财建〔2008〕140号），对大石山区五县土地整理项目专项资金使用范围、资金拨付、财务报账、职责分工和监督管理等作出了明确规定，确保专项资金专款专用，有效提高资金使用效率。

（五）南百高速公路沿线（城乡风貌改造区）土地整治重大工程项目

1. 总体概况

实施整村推进南百高速公路沿线（城乡风貌改造区）土地整治重大工程，是积极响应自治区党委、自治区人民政府关于加大广西城乡风貌改造重大决策的具体行动。2009年，自治区国土资源厅印发《关于印发广西整村推进南百高速公路沿线（城乡风貌改造区）土地整治重大工程实施方案》（桂国土资办〔2009〕305号），积极实施南百高速公路沿线土地整治重大工程。

2009年9月至2010年12月，南百高速公路沿线土地整治工程总投资4亿元，建设总规模16万亩，预计新增耕地面积0.48万亩。其中，南宁市计划投资1.41亿元，建设规模5.65万亩；百色市计划投资2.59亿元，建设规模10.35万亩。

2. 主要做法

（1）加强组织领导，明确工作职责。南百高速公路沿线土地整治工作纳入全区城乡风貌一期工程建设内容，并作为自治区工作考核范围。为切实加强项目建设的组织领导和沟通协调，项目所在县成立以政府领导为组长、相关部门参与的土地整治项目建设领导小组，负责协调部门工作和调解矛盾纠纷。项目所在乡镇也相应成立土地整治工作协调小组，负责组织群众，做好宣传发动、工程质量监督和纠纷调解等工作。

（2）完善工作制度，简化审批程序。严格落实项目法人制、公告制、合同制、招投标制、监理制、审计制等"六项制度"，在此基础上明确项目评估论证和规划设计审查批复职责：一般项目的项目评估论证和规划设计审查批复由项目所在地的市级国土资源管理部门负责，自治区示范项目的规划设计审查批复由自治区国土资源厅负责。项目验收确认由自治区国土资源厅负责。

（3）加强监督检查，严格追责问效。项目责任单位认真履行管理职责，严格规范各项制度，主要领导亲自抓。自治区国土资源厅不定期对项目实施情况进行跟踪检查。各级财政部门加强对项目预算执行、资金使用管理、费用开支范围与标准、会计核算等进行监督检查，对资金运行实行追踪问效，确保项目资金安全、高效使用。对不严格执行项目规划设计与预算、资金管理混乱、工程建设质量差的项目，或在招投标、工程监理、签订合同和执行合同过程中有违规操作的项目，追究承担单位及有关人员的责任。

（4）改进项目论证，提高实施可行性。各地在实施过程中强化项目管理的技术保障和科学论证，征求当地群众意见，提高项目决策和管理的科学化、专业化、民主化水平。一方面，成立专家组，依靠专家力量，对项目审查、实施监督检查和竣工验收等工作提供咨询、评估、论证服务，提高项目决策和管理的科学化、民主化水平。对项目前期的可行性研究进行深入实地评估论证，确保经济效益、社会效益和生态效益；杜绝初步设计和施工图设计不符合实际，以及严禁脱离实际的"形象工程"和随意变更设计等行为。另一方面，项目选址、论证和设计，吸收当地群众参与并尊重群众意见，将群众提出的合理意见吸纳到设计中，保障群众知情权和参与权。

（六）小型病险水库除险加固工程土地整理项目

1. 总体概况

为加强全区农村基础设施建设，保障国家粮食安全，促进新农村建设和城乡统筹发展，根据自治区人民政府《常务会议纪要》（十一届第18期），2009年将在全区开展结合小型病险水库除险加固工程土地整理项目建设。自治区国土资源厅印发《关于开展结合小型病险水库除险加固工程土地整理项目前期工作有关问题的通知》（桂国土资办〔2009〕306号），加快推进小型病险水库除险加固工程土地整理项目的开展，更好地发挥小型农田水利基础设施工程的综合效益。该工程的实施，提高了农田综合生产能力，增加了有效耕地面积，改善了农村生态环境，建设了高标准基本农田。通过土地整理项目和病险水库主体工程除险加固项目配套，重点开展病险水库灌区范围内基本农田区域"田、水、路、林、村"的综合整治，为当地农业基础设施建设起到示范作用。

2009年实施小型病险水库除险加固工程土地整理项目58个，实施规模25161.41公顷，总投资92864.65万元。

2. 主要做法

（1）明确各级工作职责，加强技术服务指导。明确了自治区、市、县三级国土资源管理部门职责分工，确保了项目实施各环节工作有序开展，并明确了由原自治区土地整理中心负责协助自治区国土资源厅开展项目立项、自治区示范项目的规划设计审查及项目竣工验收等技术性、事务性工作，负责项目实施的日常监督检查和技术指导工作，加强了项目实施技术服务指导。

（2）重视前期踏勘论证，扎实开展前期工作。项目实施前，对项目选址、工程勘测、项目设计阶段质量、设计成果审查、工程建设标准等环节提出严格的具体要求，确保前期基础工作扎实可行，规范开展，保障项目后期工作顺利推进。

（3）打造典型项目，发挥示范效应。自治区在实施的小型病险水库除险加固工程土地整理项目中选取 2～3 个预期实施成效好的典型项目作为自治区示范项目。自治区示范项目的规划设计由自治区国土资源厅负责审查批复，并对项目立项、评估论证、规划设计、实施管理全流程进行具体指导，精心打造典型项目，发挥示范效应。

五、生态型土地整治模式

（一）总体概况

2018 年 11 月，广西共立项批复 3 个生态型土地整治项目，计划实施周期为 12 个月，实施总规模为 603.0776 公顷，总投资 3594.33 万元。其中，南宁市西乡塘区石埠街道石西村生态型土地整治示范项目实施规模为199.2722 公顷，预算总投资 1200 万元；北海市铁山港区南康镇大伞塘村田园综合体生态土地整治项目实施总面积为 199.99 公顷，项目估算总投资1200 万元；贺州市平桂区黄田镇长龙村生态景观型土地整治示范项目建设总规模为 203.8154 公顷，总投资 1194.26 万元。

2019 年，自治区自然资源厅印发《广西壮族自治区自然资源厅办公室关于做好生态型土地整治示范项目有关工作的通知》（桂自然资办〔2019〕156 号），要求生态型土地整治项目以"山水林田湖草生命共同体"理念为指导，采用生态环保技术措施实施土地整治，在提高耕地产量的同时，因地制宜地建设生物通道和生态池等生态工程，改善农田的生态环境，尽量减少工程对原有自然生态条件的扰动和对原有生态系统的破坏，结合景观生态理论，科学合理地采取生态工程技术进行综合治理，构建生态廊道和生物多样性保护网络，打造绿色生态可持续的生态乡村。

（二）主要做法

1. 开展土地整治技术改良，提升农田生态环境

按照"山水林田湖草生命共同体"的理念，生态型土地整治项目将绿色、生态的理念充分融入土地整治中，对传统土地整治工程手段进行"绿色改良"，主要通过建设生态农沟，设置生物通道、种植水生植物等工程措施和非工程措施，进一步改善提升项目区内农田生态环境，为各类生物提供适宜的生存空间，为提升耕地质量和产出率创造有利条件。例如，南宁市西乡塘区石埠街道石西村生态型土地整治示范项目采用生态沟渠、新型生态衬砌技术、泥结石田间道路（田间生产道路不采用硬化道路）、预设生物通道、设置生态修复池，以及土地的平整连片，构建生态道路路网、生态净化系统、应急通道网络系统等措施，优化了当地农业生产体系和产业体系，提高土地产出率、劳动生产率，保护农业农村生态环境，将石西村打造成绿色生态可持续的生态乡村样板。

2. 打造现代田园综合体，凸显生态国土综合效应

北海市铁山港区南康镇大伞塘村田园综合体土地整治项目结合相关部门项目规划情况，因地制宜，综合施策，在项目内实施了多个相关配套项目，如交通部门投资建设部分道路、农业农村部门开展优化种植结构项目等，通过整合各项目资金，助力南康镇大伞塘村田园综合体土地整治项目建设。该田园综合体是利用现有农村自身庭院、果园、花园、田园、鱼塘等乡

村景观和自然生态、人文资源来开发乡村旅游，形成集观光旅游、生态种养于一体的大型田园综合体，与生态型土地整治示范项目建设理念高度一致。通过结合田园综合体实施生态型土地整治项目，可以弥补财政资金投入不足、难以形成规模效应的缺陷。财政资金结合社会资金建设生态型土地整治项目，能以较少的财政投入，实现生态型土地整治在保护绿色生态环境、促进美丽乡村建设方面的"1+N"综合效应，充分体现土地整治在实施山水林田湖草生态环境保护和修复工程、建设生态国土方面的先行示范作用。

3. 引入立体种养新模式，助推乡村全面振兴

生态型土地整治项目以土地整治为平台，是推动实现乡村振兴的重要途径，为带动项目区农民致富发挥了重要作用。比如，北海市通过引入高端农业种植和运营，改变传统农业经营模式。一是建立稻虾混养基地，推广稻虾混养模式，提高农田的综合效益和经济效益，30 亩的小龙虾稻田混养试验基地已初见成效。二是强力推进大棚蔬菜示范基地建设，已建成 300 亩并投入种植。三是引进立体高密度养鱼模式，已建成 20 亩的立体高密度养鱼实验区并投入养殖。通过示范作用，引导当地农业产业结构调整和优化，同时促进当地农业产业链的形成，带领农民走上致富之路，助力乡村全面振兴。

六、全域土地综合整治模式

（一）总体概况

2003 年 6 月，在时任浙江省委书记习近平同志的倡导和主持下，浙江省以农村生产、生活、生态的"三生"环境改善为重点，在全省启动"千村示范、万村整治"工程，开启了以改善农村生态环境、提高农民生活质量为核心的村庄整治建设大行动。2018 年 9 月 26 日上午，浙江省"千村示

范、万村整治工程"被联合国授予"地球卫士奖"中的"激励与行动奖"。
2019 年，习近平总书记就浙江"千村示范、万村整治"工程作出重要批示，
要求深入总结经验，指导督促各地朝着既定目标，持续发力，久久为功，不
断谱写美丽中国建设的新篇章。为贯彻落实习近平总书记重要指示批示精
神，更好地推动乡村振兴，服务农村发展，2019 年，自然资源部部署开展
了全域土地综合整治试点工作，广西按照自然资源部部署探索开展全域土地
综合整治，以科学合理规划为前提，以乡镇为基本实施单元（整治区域可以
是乡镇全部或部分行政村），整体推进农用地整理、建设用地整理和乡村生
态保护修复，解决城乡融合发展和农村一二三产业融合发展用地保障问题，
改善农村人居环境，促进农村产业兴旺，助力建成一批农田集中连片、农业
规模经营、村镇美丽集聚、环境宜居宜业、产业融合发展的示范村镇。

相比于传统土地整治以地块为整治单元、以田水路林村等单方面要素
为整治对象的方式，全域土地综合整治不再聚焦局部、单个地块或单一要
素，而是将"山水林田湖草生命共同体"下的土地、河流、森林、产业、
交通等所有要素放在统一治理空间下，通过综合运用各类整治措施，促进要
素之间高效流动，实现全过程协同治理。实施全域土地综合整治的核心作用
在于优化乡村生产、生活、生态空间，统筹解决农村耕地碎片化、空间布局
无序化、土地资源利用低效化、生态质量退化等问题，为打造现代化农业空
间与推动一二三产业融合提供良好的基础。

2020 年以来，广西组织实施了全域土地综合整治试点项目 62 个（其
中国家试点项目 17 个，自治区试点项目 45 个），涉及 14 个设区市 46 个县
（市、区）61 个乡镇 273 个行政村，试点范围面积达 467.53 万亩，自治区通
过奖补机制下发奖补资金 55414 万元。

（二）主要做法

1. 强化组织领导机制，统筹推进全域实施

自治区建立全域土地综合整治工作厅际联席会议制度（以下简称"联席会议"），由自治区自然资源厅主要负责人担任总召集人，财政、农业农村、乡村振兴、住建、生态环境、林业等相关部门分管负责同志为成员，统筹推进全域土地综合整治工作。联席会议办公室设在自治区自然资源厅，具体负责联席会议日常工作。各市、县结合实际，建立相应的协调机制，制定本辖区全域土地综合整治工作实施方案，建立全域土地综合整治工作联席会议制度，成立以党委或政府主要领导为组长，自然资源部门牵头、多部门和乡镇、村参与的协调机构和工作专班，明晰各级各部门责任。

2. 坚持规划引领，优化乡村国土空间布局

全区 62 个全域试点项目均按要求编制了乡镇国土空间规划和村庄规划，并在村庄规划中设置国土综合整治与生态修复专章，将全域土地综合整治任务、指标和布局纳入村庄规划，科学有效地对乡村空间进行优化布局，优化乡村生产、生活、生态空间格局。

3. 构建多元投入机制，聚合资金助力乡村振兴

明确各级政府通过整合使用新增建设用地土地有偿使用费、土地复垦费、耕地开垦费、土地出让收益、生态修复资金和有关指标收益，支持开发性、政策性金融机构通过市场化方式开展融资模式创新，为全域土地综合整治工程提供长期信贷支持等，加大对全域土地综合整治工作的投入。同时，各地加大统筹农业、乡村振兴、水利、住建、生态环境等各部门项目资金投入力度，聚合资金助力乡村振兴。

4. 推动延长土地整治产业链、价值链和生态链

乡村振兴关键在于产业兴旺。在推进全域土地综合整治过程中，始终

把产业布局和导入作为全域土地综合整合产业链、价值链和生态链的关键环节。以整镇整村为单元，全域规划、全域设计、全域整治，优化空间格局，整体推进农用地整理、建设用地整理和乡村生态保护修复，提高农村自然资源环境承载能力，挖掘推动了以土地整治为平台和纽带的全产业链发展。为此，广西先后推出了"土地整治＋现代农业""土地整治＋农村旅游""土地整治＋人居生态环境综合提升"等多种模式。开展的62个国家和自治区试点已引入17家国有企业或民营企业投入特色农产品产销、农旅、康养等产业，投资规模达72.17亿元。

5. 加强培训和宣传，注重典型推广

2019年以来，自治区自然资源厅采取网络、现场、外调等授课方式，对全区自然资源系统、企事业单位，先后组织7次业务专题培训，培训人才近2000人次，有效提高了各级各部门的业务能力。同时，通过中央和广西主流党政媒体，及时总结柳南区、北流市、覃塘区、都安瑶族自治县等不同类型的试点经验并公开报道，太阳村镇试点得到国务院第六次大督查表扬；自治区分别于2021年和2023年发布了包括7个全域土地综合整治在内的国土空间生态修复典型案例。

第四章

广西土地整治规划管理与实施

　　土地整治规划是开展土地整治活动的基本依据和行动指南。广西共编制了三轮土地整治规划，第一轮是 2001—2010 年，第二轮是 2011—2015 年，第三轮是 2016—2020 年。

一、广西土地整治规划管理

　　广西土地整治规划主要依据国土资源部编制的地方规划编制规程和政策文件的要求进行编制及管理，全面落实党中央、国务院重大决策部署，体现国家发展规划的战略性，自上而下编制各级土地整治规划，逐级落实约束性指标，分别由自治区、市、县三级国土资源部门（2018 年后为自然资源部门）进行管理及实施。

　　第一轮规划为土地开发整理规划，自治区、市、县三级国土资源部门分别编制本级规划；第二轮、第三轮土地整治规划主要由自治区、市两级国土资源（自然资源）部门分别编制，鼓励县级国土资源（自然资源）部门参与编制土地整治规划。

二、三轮广西土地整治规划

（一）第一轮土地整治规划（2001—2010 年）

　　广西第一轮土地开发整理规划的编制始于西部大开发战略实施初期，其主要任务是围绕自治区经济社会发展的用地需求，确保耕地占补平衡。

　　这一时期，广西土地开发整理实施总面积 129.59 万公顷，增加耕地面积 8.48 万公顷（表 4-1）。

表 4-1　广西第一轮土地整治规划控制指标

指标内容	规划面积/万公顷	占比/%
耕地整理	122.15	94.26
农村居民点整理	1.20	0.93
土地复垦	1.10	0.85
未利用地开发	5.14	3.97
合计	129.59	100.00

　　第一轮土地整治规划确定了自治区 11 个土地开发整理重点区域，包括 5 个土地整理重点区域、3 个土地复垦重点区域、3 个未利用土地开发重点区域。其中，土地整理重点区域包含桂东丘陵平原土地整理区，桂东南平原盆地土地整理区，桂中旱区土地整理区，"南北钦防"沿海平原台地土地整理区，桂西与桂西南丘陵河谷土地整理区；土地复垦重点区域包含桂西铝矿、锰矿及煤炭基地土地复垦区，桂西北有色金属基地土地复垦区，桂东及桂中煤矿、锰矿老矿区土地复垦区；未利用土地开发重点区域包含桂北地区土地开发区，桂中地区土地开发区，桂西南地区土地开发区。此外，还安排了五类土地开发整理重大工程，涉及 189 个重点项目，规划预计增加耕地面积 5.041185 万公顷。

（二）第二轮土地整治规划（2011—2015 年）

　　随着新一轮西部大开发的深入推进及北部湾经济区开发开放的全面启动，以及中国 – 东盟自由贸易区的建成，广西经济社会发展呈现出蓬勃发展的新面貌。在这一形势下，第二轮土地整治规划的主要任务是切实有效地保护耕地，确保耕地数量和质量都实现占补平衡，使新一轮土地整治规划能够适应这一阶段经济社会发展的需求。

　　第二轮土地整治规划期间,广西安排土地整治补充耕地达到 4 万公顷,并在 2015 年前建成 1336 万亩高标准基本农田。开展 3 个国家级基本农田保护示范区建设,新建 360 万亩基本农田集中分布区片,重点推进 18 个高标准基本农田示范县和 40 个高标准基本农田重点镇建设,实现土地整治后原有耕地质量整体提高一个等级的目标。整治农村集体建设用地 6.17 万公顷,腾退面积为 1.12 万公顷,促进单位地区生产总值建设用地使用面积降低 48.7%(表 4-2)。

表 4-2　广西第二轮土地整治规划控制指标

指标内容		规划面积/万公顷	指标属性
高标准基本农田建设规模		89.06	约束性
土地整治总规模		59.30	预期性
农用地整治规模		56.91	预期性
土地复垦规模		0.16	预期性
宜耕后备土地开发规模		2.23	预期性
农村集体建设用地整治规模		6.17	预期性
补充耕地总量	农用地整治补充耕地	1.98	预期性
	土地复垦补充耕地	0.10	预期性
	宜耕后备土地开发补充耕地	1.92	预期性
农村集体建设用地整治腾退土地面积		1.12	预期性
经整治后耕地等级提高程度		1 个等级	预期性

　　第二轮广西土地整治规划的重点区域包括 12 市 49 县(市、区),规划了五大土地整治重大工程,涉及 12 市 54 县(市、区),其中 20 个县(市、区)在规划重点区域内。土地整治实施规模为 30 万～ 48 万公顷,安排资金 178.75 亿元;五大土地整治重大工程包括兴边富民土地整治重大工程、河流

冲积平原高标准农田建设土地整理重大工程、桂中农村土地整治重大工程、岩溶地区石漠化区域土地整治重大工程和生态建设土地整治重大工程。

（三）第三轮土地整治规划（2016—2020 年）

"十三五"时期是广西贯彻落实"四个全面"战略布局，与全国同步全面建成小康社会的决胜期，是全面履行中央赋予广西"三大定位"新使命，基本建成国际通道、战略支点、重要门户的关键阶段。在此背景下，第三轮土地整治规划的主要任务是优化土地利用结构、加大整治力度、化解用地矛盾、提高耕地质量和效益。

规划目标包括六个方面。一是高标准农田建设任务全面落实，按照"高标准建设、高标准管护、高标准利用"的要求，全区共同确保建成 1389 万亩、力争建成 2201 万亩高标准农田。二是耕地数量、质量、生态"三位一体"建设全面推进，通过各类土地整治活动补充耕地 58.41 万亩。三是城乡建设用地综合整治取得明显成效，开展城乡建设用地增减挂钩试点和低效城镇用地再开发工作，规划期完成城乡建设用地整治规模 7.5 万亩，城镇低效用地再开发规模 1.5 万亩。四是土地复垦和耕地修复工作力度加大，全面开展矿山生产用地复垦，及时复垦因自然灾害损毁的土地，努力做到"快还旧账，不欠新账"，通过土地复垦补充耕地 3 万亩。五是土地整治精准扶贫取得新成效，重点加强贫困村屯的土地整治和农业生产基础设施建设，精准扶贫土地整治建成高标准农田 30 万亩。六是土地整治法律制度和基础能力建设进一步加强，制定出台广西土地整治办法，完善土地整治规章制度，建立健全土地整治机制；加强技术规范标准和人才队伍建设，完善技术标准体系，优化人才队伍结构，强化科技支撑能力。

三、广西土地整治规划实施成效

（一）扎实推进耕地保护，优化土地利用结构及布局

结合农业生产方式的转型升级，建成集中连片的高标准农田，农业基础设施配套建设不断完善，通过平整土地、坡改梯、移土培肥、测土配方施肥、剥离利用耕作层土壤与耕地深耕等措施，改造中低产田，提高耕地质量。同时，创新盘活城乡闲置低效用地的模式，有序开展城中村改造、"空心村"整治、危旧房改造等工作，优化了区域土地利用布局。

（二）助力脱贫攻坚，助推精准扶贫

在三轮土地整治规划指导下，将土地整治项目和资金向贫困地区倾斜，整治规划精准覆盖贫困地区，安排项目精准服务贫困对象，综合运用增减挂钩和占补平衡等土地政策高效扶贫，土地整治平台作用显著，形成政府、社会、市场联动的大扶贫格局。

（三）开展土地综合整治，助推乡村振兴

在规划引领下，各地将土地整治从单个项目建设转向全域土地综合整治，按照"土地整治+"理念，采取农用地整理、建设用地整理、土地复垦、土地生态整治等多种手段，细化落实单元内各类土地利用和整治活动，统筹协调各方投入，有力支撑了当地经济社会发展。

（四）改善区域生态环境，促进生态文明建设

各阶段规划实施以来，土地整治在水土流失、盐碱化等退化土地治理和损毁土地修复方面逐渐加强，部分县区将土地整治与小流域治理相结合，综合运用工程措施、生物措施和农业耕作措施，极大地改善了流域生态环

境，提升了区域生态环境服务功能，助推广西的绿色转型和生态文明强区建设。

四、广西土地整治规划实施存在的不足

广西的三轮土地整治规划在引领自治区土地整治和耕地保护工作上发挥了较大作用，但在实施过程中，也存在规划定位不清晰、规划衔接不足、实施监测监管能力不足等问题。

（一）宏观环境角度

机构改革、经济换挡、疫情突发等形势变化影响了规划目标的落实。2018 年国家机构改革，农田整治项目管理职责划转至农业农村部门，部门职能交接、新老系统交替，导致高标准农田建设统一上图入库和信息报备工作受到较大影响。同时，受到贸易、经济形势变化的影响，部分地区建设用地需求同比下降，建设用地内部挖潜动力不足。加之第三轮土地整治规划实施期间暴发了新冠疫情，导致部分规划指标完成度不高。

（二）方向定位角度

土地整治规划定位不够明晰，不能较好地指导项目实施。土地整治规划在土地规划体系中属于专项规划，规划编制期为 5 年，是中短期实施型土地规划，但在编制过程中，部分县区政府对专项规划的定位不明确，在规划的约束性和引导性等方面有所混淆，造成部分规划按照粗线条、战略性规划编制，在规划任务设置、空间安排、建设标准等方面都难以达到指导项目实施的要求。

（三）管理编制方面

受编制内容、审批机构、实施过程和监督方式等环节的影响，在项目申报、立项、实施、验收的管理过程中，地方规划的引导、管制作用十分有限，有些地方甚至采取简单平均的方式进行项目安排，规划效力不足。同时，推进土地整治工作主要依据国土资源部（自然资源部）出台的相关规范性政策文件，尚无专门针对土地整治工作的法律法规。虽然一些地方相继出台了地方性规章制度，但是土地整治工作依然面临着法治基础薄弱，土地整治规划权威性不足，规划衔接、政策组合、资金聚合和监管困难，以及规划权威性不足等问题，使得规划实施管制的作用有限。

（四）实施监管方面

项目实施过程的监测监管能力不足，评估机制尚未有效建立。土地整治涉及工作类型多，各项工作进展参差不齐，高标准农田、补充耕地、土地复垦、增减挂钩分别属于不同在线报备系统，彼此孤立，不能联动，且生态修复类整治尚未纳入监管平台。在机构改革后，国土空间生态修复下的各类整治修复活动也未纳入统一监管平台。在规划实施过程中，由于尚未建立有效的后续实施监管和评估机制，部分任务实施的督查监管力度不够，缺乏考核约束机制。

第五章

广西土地整治
政策制度建设

广西深入贯彻党中央、国务院的决策部署，持续建立健全土地整治制度体系，推动土地整治步入系统化、规范化轨道，陆续出台了地方性法规及项目管理、廉政风险防控、资金管理等方面的政策制度，土地整治工作得到有效规范和加强。

一、法规建设

在"十一五"到"十二五"时期的土地整治规划实施期间，广西对土地整治选址、可行性研究、立项、测量、规划设计、施工设计、预算下达、招投标、施工、验收等一系列工作，制定了管理制度、规章、技术规程、建设标准等一整套较为健全和完善的制度体系。工作实践证明，这一系列土地整治规章和政策文件已取得了一定的成效，但还存在立法明显滞后、效力层次偏低、政府部门协同性较差等问题。为了进一步加大土地整治工作力度，规范广西土地整治管理，2016 年 11 月 18 日，广西壮族自治区十二届人民政府第 84 次常务会议审议通过《广西壮族自治区土地整治办法》（广西壮族自治区人民政府令第 116 号），自 2017 年 3 月 1 日起施行。

《广西壮族自治区土地整治办法》明确县级以上人民政府领导本行政区域内的土地整治工作，协调解决土地整治的重大事项，并将土地整治申报、管理项目权限下放到市、县一级，建立健全广西土地整治工作机制。同时，该办法在耕作层土壤剥离利用、补充耕地指标交易、储备管理，以及社会资金参与土地整治"先建后补、以奖代补"制度等方面都体现了地方立法的特色，开创了广西土地整治立法的先河。

二、项目管理制度建设

在土地整治发展的不同阶段，广西一直在实践中不断探索土地整治项目管理的方式方法，相继出台了一系列政策规定，推动土地整治项目管理政策体系的初步完善。

在广西土地整治的摸索阶段（2001—2003 年），广西土地整治项目管理政策体系尚不健全，项目管理制度陆续开始研究制定，自治区先后颁布了《关于加强土地开发整理规划管理工作的通知》（桂国土资发〔2001〕4 号）、《关于进一步加强土地开发整理管理工作的通知》（桂国土资发〔2003〕4 号）、《关于加强土地开发整理管理工作的补充通知》（桂国土资发〔2003〕27 号），旨在保证土地开发整理依法有序进行，提高土地开发整理项目质量。

在广西土地整治的起步发展阶段（2004—2007 年），自治区层面的项目管理政策体系开始逐渐确立。自治区陆续从招投标、工程监理、变更、监督检查等方面出台相关的政策，同时国家开始下放土地开发整理项目管理权限。这一阶段广西出台的《关于进一步明确土地开发整理项目规划设计变更有关问题的通知》（桂国土资办〔2007〕367 号）成为沿用至今的土地整治项目规划设计变更的指导性文件。

在广西土地整治全面推进阶段（2008—2017 年），广西从项目库建设、项目立项、设计审查、规划设计变更、工程复核、验收、督查机制、参建单位管理、综合性管理等方面出台了一系列管理制度，土地整治项目管理政策体系不断健全，进一步夯实了土地整治事业规范健康发展的基础。这一阶段出台的《广西壮族自治区土地整治专项资金管理办法》（桂财建〔2010〕244号）、《广西壮族自治区土地整治项目管理暂行办法》（桂国土资发〔2011〕20 号）、《广西壮族自治区土地整治项目立项审查要点》（桂国土资发〔2011〕26 号）、《广西壮族自治区土地整治项目竣工验收办法》（桂国土资发〔2011〕28 号）、《广西壮族自治区土地整治项目规划设计审查细则》（桂国土资发〔2011〕29 号）、《关于进一步加强土地整治项目管理有关问题的通知》（桂国土资发〔2012〕116 号）、《关于进一步规范我区土地整治项目管理有关问题的通知》（桂国土资发〔2014〕16 号）、《整县推进高标准基本农田土地整治重大工程总体实施方案》(桂国土资发〔2013〕46 号)、《整县推进高标准基本农田土地整治重大工程实施指导意见》(桂国土资发〔2015〕10 号)等文件,对广西土地整治工作的规范推进产生了重要影响。

从项目全过程管理阶段来看,广西在项目立项申报、规划设计、实施监管、验收、后期管护等多方面出台了相关政策规定。

在项目立项申报阶段,主要出台了《广西壮族自治区土地整治项目库管理办法》(桂国土资发〔2013〕103 号)、《广西壮族自治区土地整治项目立项审查要点》(桂国土资发〔2011〕26 号)、《广西壮族自治区国土资源厅项目评审管理暂行办法》(桂国土资办〔2014〕50 号)等文件,规定了土地整治项目入库条件、在库项目的管理要求和项目出库条件,对土地整治项目申报立项的材料、审查要点、审批程序、职责分工与监督等进行了规范。

在测量和规划设计阶段,自治区国土资源厅制定了《广西壮族自治区土地整治项目测绘技术要求》《广西壮族自治区土地整治项目工程测量技术规定(试行)》等土地整治项目工程测量相关规程,规范了土地整治项目工程测量工作,统一了技术标准,使项目工程测量工作标准化、规范化。2011年以来,《广西壮族自治区土地整治项目规划设计审查细则》(桂国土资发〔2011〕29 号)、《关于规范广西土地整治项目规划设计三级联合审查制度有关问题的通知》(桂国土资发〔2013〕98 号)、《广西壮族自治区国土资源厅项目评审管理暂行办法》(桂国土资办〔2014〕50 号)等政策文件相继出台,对土地整治项目规划设计成果的审查要求、审查内容、审查方式等进行了规范。2015 年,自治区国土资源厅印发《关于进一步加快实施整县推进高标准基本农田土地整治重大工程管理有关问题的通知》(桂国土资发〔2015〕24 号),明确了第三期整县推进土地整治重大工程项目测量成果的检查方式,强调项目的测量成果由项目业主负责组织审查验收工作。

在项目招投标阶段,自治区国土资源厅在 2005 年印发的《广西壮族自治区土地开发整理项目招投标管理暂行办法》(桂国土资发〔2005〕27号)，对项目招标、投标、开标、评标、中标各环节作出了具体规范。2010年印发的《广西壮族自治区国土资源厅关于严格土地整治项目管理的通知》(桂国土资发〔2010〕38号)要求所有项目规划设计必须进行招标，招标工作由市、县国土资源管理部门组织。参与招标代理、监理、稽查的单位推行招标推荐制度，参加规划设计招标的单位必须是在自治区国土资源厅参加诚信考评的单位，参与招标推荐的中介机构必须是自治区国土资源厅推荐并公布的单位。《广西壮族自治区土地整治项目管理暂行办法》(桂国土资发〔2011〕20号)明确要求项目原则上不得分标，因特殊原因确需分标的，须报市国土资源行政主管部门批准，且一个项目最多不得超过两个标段，项目的监理和施工招标文件应报自治区国土资源行政主管部门备案。2014年印发的《关于进一步规范我区土地整治项目管理有关问题的通知》(桂国土资发〔2014〕16号)、《关于进一步加强土地整治项目管理预防腐败建设的意见》(桂国土资发〔2014〕37号)均对招标代理机构及施工单位的选取方式进行了进一步明确和规范。

在项目实施阶段，广西在2011年出台的《广西壮族自治区土地整治项目管理暂行办法》(桂国土资发〔2011〕20号)中规定了各级国土资源行政主管部门和财政行政主管部门在项目实施、资金使用和管理等方面的职责。《关于进一步加强土地整治项目管理有关问题的通知》(桂国土资发〔2012〕116号)明确了建立三级巡察督查工作机制、项目责任单位约谈机制、合同履约监管机制、强化工程进度月报制等内容。《关于建立健全土地整治督查工作机制的通知》(桂国土资发〔2014〕89号)进一步细化了三级巡察督查工作机制、土地整治项目报告通报机制、土地整治问责机制。

在项目验收阶段，广西出台了《关于进一步加强土地整治项目管理有关问题的通知》(桂国土资发〔2012〕116号)，要求2011年10月1日后批准立项的土地整治项目必须进行工程复核后方可验收，并对复核的内容及不同专项项目的复核组织工作责任主体作出规定。2014年印发的《关于明确土地整治项目工程复核有关事项的通知》（桂国土资发〔2014〕15号），具体明确了工程复核的程序及工程复核报告的格式、内容等，进一步规范了土地整治项目工程复核各项工作。

在项目后期管护阶段，广西仅在相关文件中提出要加强项目后期管护，但还未出台专门的项目后期管护办法。2011年出台的《广西壮族自治区土地整治项目管理暂行办法》（桂国土资发〔2011〕20号）要求在土地整治项目竣工验收后，项目承担单位应当按照土地权属，及时将土地和有关设施移交给乡镇人民政府、村民委员会或村民小组。项目所在地县级人民政府应当组织有关乡镇人民政府、村民委员会或村民小组建立管理和维护制度并落实有关费用，对整治后的土地和工程设施进行管理和维护。

2001—2017年，广西颁布的土地整治项目管理相关政策文件详见表5-1。

表5-1　广西土地整治项目管理相关政策文件

阶段	政策文件
2001—2003年（摸索阶段）	《关于加强土地开发整理规划管理工作的通知》（桂国土资发〔2001〕4号）
	《关于进一步加强土地开发整理管理工作的通知》（桂国土资发〔2003〕4号）
	《关于加强土地开发整理管理工作的补充通知》（桂国土资发〔2003〕27号）
2004—2007年（起步发展阶段）	《关于加强土地开发整理工作管理的通知》（桂国土资发〔2004〕25号）
	《关于印发〈土地开发整理项目立项和新增耕地确认会审办法〉的通知》（桂国土资办〔2005〕42号）
	《关于印发〈广西土地开垦项目管理办法〉的通知》（桂国土资发〔2005〕19号）
	《关于印发〈广西壮族自治区土地开发整理项目招投标管理暂行办法〉的通知》（桂国土资发〔2005〕27号）

续表

阶段	政策文件
2004—2007年（起步发展阶段）	《关于印发〈广西壮族自治区土地开发整理项目竣工验收暂行办法〉的通知》（桂国土资发〔2005〕28号）
	《关于印发〈广西壮族自治区土地开发整理项目工程监理暂行办法〉的通知》（桂国土资发〔2005〕30号）
	《关于进一步下放国家和自治区投资土地开发整理项目管理权限等有关问题的通知》（桂国土资发〔2005〕214号）
	《关于进一步加强土地开发整理工作监督检查的通知》（桂国土资党发〔2006〕2号）
	《关于进一步明确土地开发整理项目规划设计变更有关问题的通知》（桂国土资办〔2007〕367号）
2008—2017年（全面推进阶段）	《关于印发〈广西壮族自治区国土资源厅关于推进桂西五县土地整理项目实施的指导意见〉的通知》（桂国土资发〔2008〕57号）
	《关于做好国家划转地方土地整理项目实施管理有关工作的通知》（桂国土资发〔2008〕237号）
	《关于加强大石山区五县土地整理项目实施管理工作的通知》（桂国土资发〔2008〕248号）
	《关于开展结合小型病险水库除险加固工程土地整理项目前期工作有关问题的通知》（桂国土资发〔2009〕306号）
	《关于实施2009年度广西整村推进土地整治重大工程项目有关问题的通知》（桂国土资发〔2009〕433号）
	《关于国家和自治区投资土地整理项目竣工验收有关问题的通知》（桂国土资发〔2009〕57号）
	《广西壮族自治区人民政府办公厅关于开展农村土地综合整治试点工作的通知》（桂政办发〔2010〕201号）
	《关于加强我区土地整治项目实施监管工作的通知》（桂国土资发〔2010〕28号）
	《广西壮族自治区国土资源厅关于严格土地整治项目管理的通知》（桂国土资发〔2010〕38号）
	《广西壮族自治区国土资源厅、广西壮族自治区财政厅关于印发〈广西壮族自治区土地整治项目管理暂行办法〉的通知》（桂国土资发〔2011〕20号）

续表

阶段	政策文件
2008—2017年 （全面推进阶段）	《广西壮族自治区国土资源厅、广西壮族自治区财政厅关于印发〈广西壮族自治区土地开垦项目暂行办法〉的通知》（桂国土资发〔2011〕21号）
	《关于印发〈广西土地整治项目专家库专家管理暂行办法〉的通知》（桂国土资办〔2011〕3号）
	《关于印发〈广西壮族自治区土地整治项目立项审查要点〉的通知》（桂国土资发〔2011〕26号）
	《关于印发〈广西壮族自治区土地整治项目规划设计审查细则〉的通知》（桂国土资发〔2011〕29号）
	《关于印发〈广西壮族自治区土地整治项目竣工验收办法〉的通知》（桂国土资发〔2011〕28号）
	《关于桂中农村土地整治重大工程建设项目规划设计变更有关问题的通知》（桂整治办〔2012〕1号）
	《关于进一步加强土地整治项目管理有关问题的通知》（桂国土资发〔2012〕116号）
	《关于印发〈整县推进高标准基本农田土地整治重大工程总体实施方案〉的通知》（桂国土资发〔2013〕46号）
	《关于规范广西土地整治项目规划设计三级联合审查制度有关问题的通知》（桂国土资发〔2013〕98号）
	《关于印发〈广西壮族自治区土地整治项目库管理办法〉的通知》（桂国土资办〔2013〕103号）
	《关于明确土地整治项目工程复核有关事项的通知》（桂国土资发〔2014〕15号）
	《关于建立健全土地整治督查工作机制的通知》（桂国土资发〔2014〕89号）
	《关于印发〈广西壮族自治区土地整治项目参建单位登记暂行办法（2014年修订）〉的通知》（桂国土资发〔2014〕38号）
	《关于印发〈广西壮族自治区土地整治项目参建单位信用评价暂行办法（2014年修订）〉和〈广西壮族自治区土地整治项目参建单位信用评价操作手册（2014年修订）〉的通知》（桂国土资发〔2014〕39号）

续表

阶段	政策文件
2008—2017年 （全面推进阶段）	《关于印发〈广西壮族自治区国土资源厅项目评审管理暂行办法〉的通知（桂国土资办〔2014〕50号）
	《关于进一步规范我区土地整治项目管理有关问题的通知》（桂国土资发〔2014〕16号）
	《广西壮族自治区国土资源厅、广西壮族自治区财政厅关于印发〈整县推进高标准基本农田土地整治重大工程实施指导意见〉的通知》（桂国土资发〔2015〕10号）
	《关于进一步加快实施整县推进高标准基本农田土地整治重大工程管理有关问题的通知》（桂国土资发〔2015〕24号）
	《关于建立广西整县推进高标准基本农田土地整治重大工程巡查抽查工作机制的通知》（桂国土资发〔2015〕45号）
	《关于加强土地整治项目工程质量管理工作的通知》（桂国土资发〔2016〕25号）
	《关于规范土地整治项目工程复核单位选取工作的通知》（桂国土资办〔2016〕300号）

（一）《关于进一步明确土地开发整理项目规划设计变更有关问题的通知》

2007年，自治区国土资源厅发布《关于进一步明确土地开发整理项目规划设计变更有关问题的通知》（桂国土资办〔2007〕367号），对项目规划设计变更的条件、基本原则、审批权限、审批程序、必备材料等五个方面提出了要求。一是明确项目规划设计和预算一经批准，任何单位和个人不得擅自变更，确需变更的，应当符合文件规定的五类情形；二是明确规划设计变更应符合有利于优化设计、因地制宜、维护农民利益、改善生态环境等基本原则；三是明确规划设计变更的审批权限，涉及项目建设位置、建设总规模、新增耕地面积或项目支出预算调整的，应当报原项目批准机关批准，其他设计变更由项目所在地的国土资源行政主管部门审批；四是明确规划设计变更的审批程序，包括提出申请、调查核实、征求意见、审查论证和审批五项程序；五是明确项目设计变更的必备材料，包括设计变更申请报告、设计变更呈批表、设计变更方案、变更部分的工程预算书、评估论证意见等。

该文件进一步规范了广西土地整治项目规划设计变更行为，有效促进了广西土地开发整理项目实施的规范管理。

（二）《广西壮族自治区土地整治项目管理暂行办法》

2011年3月，自治区国土资源厅和自治区财政厅联合印发《广西壮族自治区土地整治项目管理暂行办法》（桂国土资发〔2011〕20号），对广西土地整治项目管理权限和职责、项目申报和立项、项目设计审批和预算下达、项目实施、项目验收和成果管理、土地权属管理、监督检查等进行了规定。一是在总则部分，明确土地整治实行计划管理、建立项目库，要求建立"政府主导、国土资源部门牵头、相关部门配合、群众参与"的协同联动工作机制，以自治区国土资源厅、自治区财政厅作为土地整治工作的主管单位，项目管理实行各级国土资源局局长负责制。二是明确自治区、市、县三级国土资源行政主管部门的管理权限及职责，同时规定市、县国土资源土地整理机构为本级土地整治项目的承担单位。三是明确项目申报和立项的条件、应提交的材料以及项目申报和审批的程序。四是对项目设计和预算审批程序进行了规定，包括项目规划设计申报和施工图设计申报应提交的材料，以及项目规划设计、项目预算和项目施工图的审批流程等。五是在项目实施中明确项目建设期一般为二年，要求项目须实行施工招标制度，项目原则上不得分段招标，确需分标段招标的，必须报市国土资源主管部门批准，且一个项目不得超过两个标段。同时，根据项目变更的金额，进一步细化各级设计变更审批权限。六是明确项目竣工验收的程序及验收材料等要求，提出项目竣工验收包括项目自验、初验、验收三个环节。七是对项目土地权属管理和监督检查等作出了规定，明确要求土地整治项目实行信息报送制度。

该文件对于加强和规范广西土地整治项目管理具有重要意义，明晰了项目管理各环节的管理权限、审批要求等，为土地整治项目的顺利实施提供了制度保障。

(三)《广西壮族自治区土地整治项目立项审查要点》

2011年3月，自治区国土资源厅印发《广西壮族自治区土地整治项目立项审查要点》(桂国土资发〔2011〕26号)，对土地整治项目立项审查的依据、审查的主要内容以及不予项目入库的情形作出了规定。项目审查包括项目报件齐全性审查、报件有效性审查、图件审查等16个方面，明确了项目不予入库的5个方面：一是项目实施所必需的路、水、电等配套基础条件不具备；二是水资源无保障；三是项目区土地权属现状不清或存在严重权属争议问题；四是工程技术方案不合理；五是不符合耕地保护与土地开发整理有关政策。

该文件进一步规范了广西土地整治项目立项审查工作，为项目立项审查部门和审查专家开展项目立项审查提供了根本遵循。

(四)《广西壮族自治区土地整治项目竣工验收办法》

2011年3月，自治区国土资源厅印发《广西壮族自治区土地整治项目竣工验收办法》(桂国土资发〔2011〕28号)，对广西土地整治项目竣工验收的依据和程序，以及自验、初验和验收三个阶段的验收条件、验收程序、验收要求等作出规定。一是在总则中明确了项目竣工验收的主要内容，提出项目竣工验收实行验收组长负责制。二是规定了项目竣工验收应提交的材料。三是明确一般项目由县级国土资源行政主管部门组织自验和初验，市级国土资源行政主管部门组织验收，自治区国土资源行政主管部门对通过验收的项目进行抽查。中央投资土地整治重大工程项目、自治区投资土地整治示范项目由县级国土资源行政主管部门组织自验、市级国土资源行政主管部门组织初验，自治区级国土资源行政主管部门组织验收。四是明确了项目自验、初验和验收三个阶段的验收条件、验收程序、验收要求等，项目单项工程自验比例应达到100%，初验比例不低于50%，竣工验收比例不低于30%；项目竣工验收前，应由项目验收单位委托有相应资质的质量监督机构或中介机构对项目的施工质量、实际完成工程量进行检测鉴定与审核认定。五是提出项目通过验收后，自治区国土资源行政主管部门对项目抽查比例不低于30%，单项工程抽查比例不低于10%。

该文件规范了广西土地整治项目竣工验收各项工作，明确提出竣工验收的程序和材料要求，对加强项目实施管理起到了很大的促进作用。

（五）《广西壮族自治区土地整治项目规划设计审查细则》

2011年3月，自治区国土资源厅印发《广西壮族自治区土地整治项目规划设计审查细则》（桂国土资发〔2011〕29号），对土地整治项目规划设计审查的部门及权限、审查程序、审查的主要内容以及审查不合格的情形作出了规定。土地整治项目规划设计审查实行分级审查，自治区国土资源厅负责中央和自治区投资的土地整治重大工程、示范项目的规划设计审批，市级国土资源行政主管部门负责中央和自治区投资的土地整治重大工程、示范项目的规划设计的初审，以及非中央和自治区投资的土地整治重大工程、示范项目的规划设计审批。各级规划设计审查中有关技术性和事务性工作，可委托本级土地整理机构负责。项目规划设计审查包括报件、设计内容、基本指标、基础分析、工程设计、图件及预算编制等七个方面，并明确了项目规划设计不予通过审查的七种情形：一是报件不齐全，文本、图件均未签字盖章；二是项目设计编制单位不在自治区国土资源厅确定的具备广西土地开发整理项目规划设计和预算编制单位资格名单的；三是文本内容没有按照自治区国土资源厅发布的《广西土地整治项目设计报告编制大纲》要求编写并出现重大错误的；四是基本指标核查后存在较大误差的；五是基本方案不合理，规划设计存在重大技术问题的；六是图件不规范的；七是预算书编制没有按照《广西壮族自治区土地开发整理项目预算编制暂行办法》（桂财建〔2005〕147号）附件要求编制的。

该文件对进一步加强和规范我区土地整治项目规划设计审查和管理工作，提高工程建设质量，做好项目规划前期工作具有重要意义。

（六）《关于进一步加强土地整治项目管理有关问题的通知》

2012年12月，自治区国土资源厅印发《关于进一步加强土地整治项目管理有关问题的通知》（桂国土资发〔2012〕116号），明确要按照自治区人民政府集中财力办大事的原则和新时期土地整治工作新要求，结合高标准基本农田建设和新一轮扶贫攻坚工作任务，主要采取重大工程土地整治、整县推进高标准基本农田土地整治、扶贫开发土地整治和农民自发开展耕地整治等方式进行土地整治申报与管理工作；调整项目前期管理模式，项目规划设计方案实行自治区、市、县三级联合审查，项目规划设计、测量、工程招标代理和工程监理单位采用摇号或抽签方式，从自治区国土资源厅每年按照政府采购规定集中采购的参建单位中选取。同时，通知明确要求2011年10月1日后批准立项的土地整治项目，必须经工程复核后方可验收。该文件标志着广西土地整治从整村推进模式全面转向重大工程土地整治模式、整县推进土地整治模式，正式确定了广西土地整治必须开展工程复核工作。

（七）《关于进一步规范我区土地整治项目管理有关问题的通知》

2014年4月，自治区国土资源厅印发《关于进一步规范我区土地整治项目管理有关问题的通知》（桂国土资发〔2014〕16号）。一是进一步规范项目工程招标管理工作，明确了工程招标代理单位选取的三种方式，要求工程施工招标要统一到市级公共资源交易中心开展，防止不合理低价中标；二是进一步规范项目工程变更管理工作，允许工程变更金额按照单项工程内的增加量和减少量的差额进行计算，不允许跨单项工程调整工程施工费用，明确工程施工签证的管理权限；三是要求项目承担单位落实专职的项目业主代表常驻项目施工现场，建立项目定期巡察和抽查制度；四是强化对参建单位的诚信考评；五是严格做好项目资金管理工作。

该文件细化了项目工程变更金额的计算方式，授予了市、县土地整理中心和国土资源局施工签证的权限，对《广西壮族自治区土地整治项目管理暂行办法》（桂国土资发〔2011〕20号）有关项目设计变更的规定起到了很好的补充作用，给予项目业主单位在项目设计变更管理中更大的灵活性，进一步调动了基层项目管理单位的积极性和主动性。

（八）《整县推进高标准基本农田土地整治重大工程总体实施方案》

2013年6月，经自治区人民政府同意，自治区国土资源厅、自治区财政厅印发《整县推进高标准基本农田土地整治重大工程总体实施方案》（桂国土资发〔2013〕46号），对广西整县推进土地整治重大工程进行了部署，要求在2013—2015年间，以建成高标准基本农田为主要目标，以国家高标准基本农田示范县、全国基本农田保护示范区、自治区粮食主产县和整村推进重大工程实施效果显著的县（区）为重点开展整县推进土地整治工程，明确了主要任务、建设内容、建设计划、资金使用、各部门职责等。

该实施方案的出台标志着广西整县推进土地整治重大工程正式启动，对保障该项工作规范、有序、及时、高效开展提供了有力支撑。

（九）《整县推进高标准基本农田土地整治重大工程实施指导意见》

2015年2月，自治区国土资源厅和自治区财政厅联合印发《整县推进高标准基本农田土地整治重大工程实施指导意见》（桂国土资发〔2015〕10号），对广西整县推进土地整治重大工程进行了再落实，要求整县推进重大工程要按照"缺什么、补什么"的原则，因地制宜分类建设，进一步明确了项目前期工作、实施管理、竣工决算、督导巡察、绩效考评、审计等方面的要求，以整县推进重大工程为平台，聚合各部门涉农资金。通过土地整治项目建设，优化土地利用布局、提高耕地等级、建设高标准基本农田，促进农业规模化经营，促进城乡统筹协调发展。

三、廉政风险防控制度建设

在全党不断加强党风廉政建设和反腐败工作的背景下，为了保障和促进土地整治工作健康发展，广西针对土地整治领域廉政建设出台了一系列文件。2014年，自治区国土资源厅在各项土地整治项目管理办法或通知中强调廉政风险防控的基础上，专门针对土地整治领域预防腐败出台了《关于进一步加强土地整治项目管理预防腐败建设的意见》（桂国土资发〔2014〕37号），从项目立项、规划设计、工程招投标、工程施工、资金使用、项目验收等6个环节提出了土地整治廉政风险防控的重点，从建立廉政教育制度、严格项目招标管理、严格项目工程变更管理、实施工程合同双签制管理、实行诚信考核和责任追究制度等 5 个方面完善了廉政风险内部防控管理制度，在建立全面公示公开制度、聘请群众监督员制度、严格项目审计制度、在职人员培训制度等方面构建了预防腐败风险防控工作机制。

该文件对于加强土地整治项目管理、预防腐败，保障自治区土地整治项目建设和资金安全，促进土地整治管理工作健康发展，有效遏制国土资源领域的职务犯罪，具有十分重要的意义。

为进一步推动全面从严治党向纵深发展，规范党的领导干部用权行为，防止党的领导干部插手干预重大事项，2018 年，自治区国土资源厅党组印发《中共广西壮族自治区国土资源厅党组关于印发〈全区国土资源系统领导干部插手干预重大事项记录制度〉的通知》（桂国土资党发〔2018〕38 号），明确要求各级国土资源主管部门及其工作人员不得插手干预涉及国土资源系统的项目建设、工程建设项目的招标投标、建设管理、资金管理使用、竣工验收和物资采购等工作，不得违反法定职责或法定程序，插手干预各级国土资源管理部门的重大事项。

四、资金管理制度建设

2001—2003 年，广西土地整治尚处于摸索阶段，其主要任务是申报国家土地整治项目、申请中央资金支持，项目资金管理主要依据国家有关规定执行，因而颁布的相关规章制度较少。

2004—2007 年，为适应财政预算体制改革和实行部门预算管理，规范自治区投资土地开发整理项目预算的编制，确保土地开发整理项目资金的合理有效使用，广西陆续颁布了《关于印发广西壮族自治区土地开发整理项目预算编制暂行办法的通知》（桂财建〔2005〕147 号）、《关于印发广西壮族自治区土地整理市级项目资金管理暂行办法的通知》（桂财建〔2006〕42 号）、《关于进一步加强耕地开垦费征收使用管理的紧急通知》（桂国土资发

〔2005〕49 号）等资金管理文件。在这一阶段，自治区首先颁布的是关于土地开发整理项目的预算与资金管理方面的文件，但是部分市、县存在对政策认识不到位的情况，出现少数项目专项资金使用不规范的现象。因此，2005年自治区国土资源厅颁布《关于进一步加强耕地开垦费征收使用管理的紧急通知》，规范耕地开垦费的征收使用和管理，为广西土地整治全面推进阶段的专项资金规范管理奠定了基础。

2008—2010 年，广西关于土地整治资金管理的管理制度逐渐完善。2010 年，自治区财政厅、自治区国土资源厅联合出台了《广西壮族自治区土地整治专项资金管理办法》（桂财建〔2010〕244 号）。该办法规定了专项资金的使用范围和申报要求，明确了预算编制和使用管理，要求严格执行监督管理和绩效评价。同年，《广西壮族自治区土地整治专项资金县级财政审核报账制管理办法》（桂财建〔2010〕203 号）出台，专项资金实行专户储存、专款专用、专账核算、专项管理、封闭运行的模式，确定了专项资金的审核报账程序，明确了项目承担单位和县财政部门在资金管理过程中的主要职责。

2012 年，自治区财政厅、自治区国土资源厅、自治区农业厅联合出台了《自治区鼓励农民自发开展"小块并大块"耕地整治以奖代补专项资金管理暂行办法》（桂财建〔2012〕357 号），鼓励农民自发开展耕地整治。2014 年，前述三厅联合修订出台《关于印发自治区"小块并大块"耕地整治以奖代补专项资金管理暂行办法的通知》（桂财建〔2014〕298 号），进一步完善了广西"小块并大块"耕地整治以奖代补专项资金管理工作。

2017 年，国土资源部与财政部联合印发《关于新增建设用地土地有偿使用费转列一般公共预算后加强土地整治工作保障的通知》（国土资函〔2017〕63 号），规定从 2017 年 1 月 1 日起，新增建设用地土地有偿使用费由政府性基金预算调整转列为一般公共预算，中央财政将设立"土地整治工作专项"，对市、县开展的高标准农田建设、土地整治重大工程和灾毁耕地复垦等土地整治工作予以重点扶持。按照"以规划定任务，以任务定资金"的原则，地方财政部门也要在一般公共预算中安排专项资金用于保障土地整治和高标准农田建设，并将耕地保护和土地整治监管等工作经费列入部门预算，确保各级土地整治规划确定的建设任务顺利完成，为广西成功向国家申报资金和实施"整县三期"和"兴边富民土地整治重大工程"夯实了基础。

2004—2017 年，广西发布的土地整治资金管理相关政策文件详见表 5-2。

表 5-2　广西土地整治资金管理相关政策文件

阶段	政策文件
2004—2007年（起步发展阶段）	《关于印发广西壮族自治区土地开发整理项目预算编制暂行办法的通知》(桂财建〔2005〕147 号)
	《关于进一步加强耕地开垦费征收使用管理的紧急通知》(桂国土资发〔2005〕49 号)
	《关于印发广西壮族自治区土地整理市级项目资金管理暂行办法的通知》(桂财建〔2006〕42 号)
2008—2017年（全面推进阶段）	《关于加强大石山区土地整理项目资金县级财政审核报账制管理办法的通知》(桂政建〔2008〕140 号)
	《关于印发广西整村推进土地整治重大工程实施方案的通知》(桂政办发〔2009〕194 号)
	《关于明确我区土地开发整理项目规划设计和预算编制单位有关问题的通知》(桂国土资办〔2009〕194 号)
	《广西壮族自治区财政厅、国土资源厅关于印发〈广西壮族自治区土地整治专项资金县级财政审核报账制管理办法〉的通知》(桂财建〔2010〕203 号)
	《广西壮族自治区财政厅、国土资源厅关于印发〈广西壮族自治区土地整治专项资金管理办法〉的通知》(桂财建〔2010〕244 号)
	《关于印发自治区鼓励农民自发开展"小块并大块"耕地整治以奖代补专项资金管理暂行办法的通知》(桂财建〔2012〕357 号)

续表

阶段	政策文件
2008—2017年 （全面推进阶段）	《关于下达2012年自治区整村推进土地整治工程高标准基本农田示范项目预算的通知》（桂财建〔2012〕361号）
	《关于印发自治区"小块并大块"耕地整治以奖代补专项资金管理暂行办法的通知》（桂财建〔2014〕298号）
	《关于印发广西壮族自治区优质高产高糖糖料蔗基地土地整治以奖代补专项资金管理暂行办法的通知》（桂财建〔2014〕58号）
	《关于印发广西壮族自治区优质高产高糖糖料蔗基地土地整治以奖代补专项资金管理暂行办法的补充通知》（桂财建〔2015〕155号）
	《关于进一步明确"双高"糖料蔗基地建设土地整治以奖代补资金使用问题的通知》（桂财建〔2015〕263号）
	《广西壮族自治区人民政府办公厅关于印发〈自治区支持贫困县开展统筹整合使用财政涉农资金试点实施方案〉的通知》（桂政办发〔2016〕80号）
	《广西壮族自治区国土资源事业发展专项资金管理办法》（桂国土资发〔2018〕10号）

第六章

广西土地整治
技术标准建设

为完善广西土地整治技术标准建设体系，2011 年至今，广西在土地整治方面先后出台了《土地复垦技术要求与验收规范》（DB45/T 892—2012）、《高标准基本农田土地整治建设规范》（DB45/T 951—2013）、《土地整治工程　第 1 部分：建设规范》（DB45/T 1055—2014）、《土地整治工程　第 2 部分：质量检验与评定规程》（DB45/T 1056—2014）、《土地整治工程　第 3 部分：验收技术规程》（DB45/T 1057—2014）、《建设占用耕地耕作层土壤剥离利用技术规程》（DB45/T 1992—2019）等地方标准，推动广西土地整治步入规范化、标准化轨道。

一、土地整治工程技术标准

2011 年，广西发布《广西壮族自治区土地开发整理工程建设标准》，统一了广西土地整治工程设计标准，为提高工程设计质量、保证工程安全、项目决策和投资测算等提供依据。该标准由总则、建设目标、建设条件、工程类型分区和工程布局、土地平整工程、灌溉与排水工程、田间道路工程、农田防护与水土保持工程及附录等九个部分组成。在内容设置上，一是明确土地开发整理工程建设目的；二是规定建设条件，包括合法性、自然与社会条件、现有基础设施、水土资源、土地权属关系、生态环境保护、灾害风险和其他条件；三是划分工程类型和工程布局；四是对土地平整工程的规定，包括一般规定、耕作田块修筑工程和耕作层地力保持工程的建设规定；五是对灌溉与排水工程的规定，包括一般规定、水源工程、输水工程、喷微灌工程、排水工程、渠系建筑物工程和泵站及输配电工程的建设规定；六是对田间道路工程进行规定，包括一般规定、田间道、生产路、农桥和涵洞的设置条件、技术指标和建设标准；七是对农田防护与水土保持工程进行规定，包括岸坡防护工程、坡面防护工程、沟道治理工程的建设规定。

2014 年，广西在《广西壮族自治区土地开发整理工程建设标准》的基础上，制定了《土地整治工程　第 1 部分：建设规范》（DB45/T 1055—2014）、《土地整治工程　第 2 部分：质量检验与评定规程》（DB45/T 1056—2014）、《土地整治工程　第 3 部分：验收技术规程》（DB45/T 1057—2014），并沿用至今。

（一）《土地整治工程　第 1 部分：建设规范》

《土地整治工程　第 1 部分：建设规范》（DB45/T 1055—2014），经自治区质量技术监督局批准发布为地方标准，于 2014 年 8 月 10 日起实施。《土地整治工程　第 1 部分：建设规范》的实施为全区土地整治项目可行性研究、规划设计及预算编制、施工、监理、竣工验收工作和其他土地整治项目相关工作提供参考依据。

该规范规定了土地整治工程的建设目标、建设条件、工程类型分区和总体布置、土地平整工程、灌溉与排水工程、田间道路工程、村庄整治工程、农田防护与生态环境保持工程。在内容设置上，一是明确土地整治的相关术语和定义；二是明确土地整治建设规范的总体目标、具体建设目标和建设工期；三是规定建设的条件，包括建设的合法性、自然与社会条件、现有基础设施、水土资源、土地权属关系、生态环境条件；四是规范工程类型分区和总体布置；五是对土地平整工程的规定，包括一般规定、耕作田块修筑工程和耕作层地力保持工程的具体建设规定；六是对灌溉与排水工程的规定，包括一般规定、水源工程、输水断面、喷微灌工程、排水工程、渠系建筑物工程和泵站及输配电工程的建设规定；七是对田间道路工程进行规定，包括一般规定、田间道、生产路、农桥和涵洞的具体建设标准；八是对村庄整治工程进行规定，包括屯内道路、排污沟和其他规定；九是对农田防护与生态环境保持工程进行规定，包括岸坡防护工程、坡面防护工程、沟道治理工程和生态景观工程的建设标准和规定。

（二）《土地整治工程　第 2 部分：质量检验与评定规程》

《土地整治工程　第 2 部分：质量检验与评定规程》（DB45/T 1056—2014）（以下简称《质量检验与评定规程》），经自治区质量技术监督局批准发布为地方标准，于 2014 年 8 月 10 日起实施。该规程规范了全区土地整治工程的质量检验和评定工作，进一步加强了工程建设质量管理。

该规范包括土地整治项目质量检验与评定的范围、规范性引用文件、术语和定义、项目工程划分、工程质量检验、工程质量评定、工程质量鉴定、单元工程质量评定标准和附录九个方面的内容。在内容设置上，一是规定项目工程的分级、划分和要求；二是规范工程质量检验，包括基本规定、检验工作各参与方的主要职责、质量检验内容和质量事故检查与质量缺陷备案等；三是工程质量评定，主要包括工程质量评定的组织与管理、工程质量评定等级划分、单元工程质量评定、分部工程质量评定、单位工程质量评定、单项工程质量评定和外观质量评定等内容；四是规范工程质量鉴定，包括工程质量鉴定的组织与管理、工程实体复核检测与抽样检测、工程外观质量检查和功能评价、内业资料审查和评分方法等；五是单元工程质量评定标准，具体包括土地平整工程、田间道路工程、灌溉与排水工程、农田防护与生态环境保持工程的质量检验与评定规定。

（三）《土地整治工程　第 3 部分：验收技术规程》

《土地整治工程　第 3 部分：验收技术规程》（DB45/T 1057—2014），经自治区质量技术监督局批准发布为地方标准，于 2014 年 8 月 10 日起实施。《土地整治工程　第 3 部分：验收技术规程》明确了土地整治项目的验收组织、验收要求及验收责任等内容，实现项目验收工作的规范化、标准化。

该规范包括范围、规范性引用文件、术语和定义、总则、中间验收、项目竣工验收和附录七个部分。在内容设置上，一是明确了验收总体要求、验收阶段划分及各阶段工作的主要任务和验收资料的要求；二是规范中间验收，包括一般规定、单元工程验收、单项工程验收、隐蔽工程验收和试运行验收，规定了验收应具备的条件、验收组织管理、验收工作的主要内容、验收工作程序以及验收成果；三是项目竣工验收，包括总体要求、自验、初验、验收和项目管理综合评定五部分内容。

二、《高标准基本农田土地整治建设规范》

《高标准基本农田土地整治建设规范》（DB45/T 951—2013），经自治区质量技术监督局批准发布为地方标准，于2013年12月30日实施。该规范为广西高标准农田建设提供了技术依据，为加快推进高标准农田建设，切实提高建设标准和质量，稳定和提高粮食综合生产能力提供了重要技术支撑。

该规范规定了高标准基本农田土地整治工程建设的基本原则、建设区域选择、建设条件、区域划分、总体布置与工程技术指标、建设内容与技术要求、建设管理、监测与评价、建后管护与利用。在内容设置上，一是规定高标准基本农田土地整治工程建设的基本原则应符合基本国策和土地利用总体规划等要求；二是建设区域选择，包括重点建设区、限制建设区和禁止建设区；三是建设的条件，应符合国家法律、相关规划等9项条件；四是明确区域划分、总体布置与工程技术标准；五是建设内容与技术要求，包括高标准农田的具体建设内容和基本要求，以及土地平整工程、土壤改良与培肥工程、灌溉与排水工程等工程的技术要求；六是建设程序，包括项目建设、资金管理、公众参与、土地权属调整、信息化建设与档案管理和统计工作等程序；七是监测与评价，包括耕地质量评定与监测、绩效评价；八是建后管护与利用，包括农业科技配套与运用、基本农田划定与保护和工程管护与利用。

三、《建设占用耕地耕作层土壤剥离利用技术规程》

《建设占用耕地耕作层土壤剥离利用技术规程》（DB45/T 1992—2019），经自治区质量技术监督局批准发布为地方标准，于2019年9月30日实施。该规程的发布对规范建设占用耕地耕作层剥离利用方案编制，指导耕作层土壤剥离、储存、运输、利用、验收与评价工作，具有重要意义。

该规程规定了建设占用耕地耕作层土壤剥离利用技术的术语和定义、总则、调查与评价、方案编制、工程施工、储存区管护、实施验收和档案整理等内容。在内容设置上，一是调查与评价，调查包括基础资料收集、内业处理、湿地调查、土样采集、土样检测等，评价包括对剥离区、储存区和利用区的评价；二是方案编制，包括一般规定、区域选择、目标设定、土方平衡、工程设计、实施计划、储存区管护安排、投资预算、实施保障、效益分析和成果要求等内容；三是工程施工，包括一般规定、施工要求、施工目标和质量控制要求；四是储存区管护，包括储存区管护的一般规定、管护要求和管护考核；五是工程验收，包括工程验收的一般规定、验收条件、验收组织、验收内容、验收程序和验收成果的具体要求；六是建立档案，包括编制工程资料并移交所在地县级自然资源行政主管部门存档。

四、《土地复垦技术要求与验收规范》

《土地复垦技术要求与验收规范》（DB45/T 892—2012），经自治区质量技术监督局批准发布为地方标准，于2013年1月31日实施。该规范适用于广西壮族自治区行政区域内生产建设活动中因挖损、压占、塌陷、污染造成损毁土地，以及历史遗留和自然灾害损毁土地的复垦技术要求与验收相关要求。

　　该规范规定了土地复垦的相关术语和定义、总则、技术要求、质量要求、监测要求、管护要求、工程验收、监测验收、管护评价等内容。在内容设置上，一是技术要求，包括挖损损毁土地类型复垦，压占损毁土地类型复垦，塌陷、地裂和地面沉陷损毁土地类型复垦，污染损毁土地类型复垦以及土地复垦配套工程的具体技术要求；二是质量要求，规定了水田、旱地、园地、林地、草地以及其他地类复垦的具体标准；三是土地复垦监测要求，包括土地损毁监测、土地复垦效果监测、建立监测档案等要求；四是土地复垦管护要求，包括有林地和其他草地管护、土地复垦配套工程管护、管护责任、管护年限与频次、建立管护档案的要求；五是土地复垦工程验收，将土地复垦工程验收分为一般工程验收和简化工程验收，具体规定了验收应具备的条件、验收程序及内容、验收步骤及组织管理、工程质量评定的主要依据、工程质量评定要求、复垦地类验收、土地复垦配套工程验收和土地复垦工程复核；六是土地复垦监测验收，要求监测方法正确、数据及时和真实、资料齐全、监测资料分类建档等；七是土地复垦管护评价，要求自然资源行政主管部门对土地复垦项目的管护工作进行评价。

第七章

广西土地整治科技
创新与信息化建设

近年来，党和国家十分关心国土资源工作。2016 年，国土资源部围绕国土资源高质量发展制定了《国土资源"十三五"科技创新发展规划》，将土地科技创新与深地探测、深海探测、深空对地观测"三深"探测并列为"十三五"国土资源科技创新战略重点，全面实施土地工程科技"三深一土"国土资源科技创新战略，确立了"三深"战略领域跻身世界先进行列、土地科技水平显著提升的总体目标。党的二十大对自然资源工作和科技创新作出了系列部署。习近平总书记在全国科技创新大会上指出，向地球深部进军是我们必须解决的战略科技问题。

为充分贯彻落实国土资源科技创新战略，满足现代科技发展和项目管理的需要，广西在土地整治的管理和信息技术应用方面大力推动科研技术创新研究和科研实验室建设，研发了广西"旱改水"耕地提质改造项目监管系统，在耕地耕作层表土剥离再利用技术研究、西南地区坡耕地土地整治模式创新研究、南方石山地区生态保护修复科研工作站建设、耕地质量监测实验室建设等方面取得了良好效果。

一、科研技术创新研究

（一）耕地耕作层表土剥离再利用技术研究

耕作层表土剥离再利用是指在耕地被占用的情况下，通过技术手段对耕作层表土进行剥离，将其应用于土地复垦、土壤改良等项目中。耕作层表土剥离再利用，是新时代实行最严格耕地保护制度、推进生态文明建设的重要举措，是保护优质土壤资源、实施"藏粮于地"战略的具体体现，也是提高耕地质量的有效途径。而广西是最早开展耕作层表土剥离利用工作的省区之一。2013 年 1 月，国土资源部将广西柳南高速公路改扩建项目建设占用耕地耕作层土壤剥离利用项目纳入典型示范项目。同年，自治区国土资源厅印发《关于泉州至南宁高速公路柳州（鹿寨）至南宁段改扩建工程复垦表土剥离及再利用试点工作的实施方案》（桂国土资办〔2013〕205 号），广西由此开始探索耕作层剥离再利用的工作。

2016 年 10 月，自治区国土资源厅出台《广西建设占用耕地耕作层土壤剥离利用技术规程（试行）》，在全区试行该项工作。2018 年 3 月，自治区国土资源厅根据工作需要，提出制定地方标准《建设占用耕地耕作层土壤剥离利用技术规程》，从而建立全流程、科学、完善的技术规程。2019 年 9 月，广西地方标准《建设占用耕地耕作层土壤剥离利用技术规程》（DB45/T　1992—2019）经批准发布，9 月 30 日正式实施。该规程的实施完善了广西耕作层土壤剥离利用标准体系，统一了技术标准，能够指导调查评价、方案编制、工程施工、土壤储存管护、工程验收、档案整理等工作，形成全面、系统的技术标准体系，保证各个环节的工作有据可依，确保建设占用耕地耕作层土壤剥离利用的实施效果，为开展相关工作提供有力的技术支撑。该规程的发布实施，对规范建设占用耕地耕作层土壤剥离利用方案编制，指导耕作层土壤剥离工作，明确剥离土壤的储存、运输、利用、验收与评价工作，以及推动建设项目占用耕地耕作层土壤剥离利用工作和加强自然资源主管部门管理等方面具有重要意义。

近年来，广西一直在实践和推广耕作层土壤剥离利用技术，取得了显著成果，为贯彻落实国家关于耕地数量、质量、生态"三位一体"保护、节约资源和保护生态等重大战略起到了推动作用。

（二）西南地区坡耕地土地整治模式创新研究

作为耕地资源的重要组成部分，如何科学、有效、合理地开展坡耕地整治，从而进一步发挥坡耕地在维持农村社会稳定、解决当地口粮生产、保护生态环境等方面的作用，已成为当前农用地整治工作的重要内容。西南地区坡耕地土地整治工程主要分为三类，一是以提高灌溉水利用率为主的规模集约型和高效节水型；二是以地形改造和逐步提升为主的综合整治型、提质改造型；三是以防治水土流失为主的生态发展型。不同地区因经济发展差异和土地利用方式的区别，在土地整治的建设模式选择上也存在不同。广西原国土资源部门在开展坡耕地土地整治过程中主要采用项目建设型和奖补建设型两种模式。

1. 项目建设型

项目建设型主要是指国土资源部门通过项目建设的方式，选择集中连片的耕地，经过项目可行性研究、立项、地形测量、规划设计、施工设计、工程施工、工程核验、竣工验收等实施步骤，完成修缮耕种田块、建设农田内外生产设施和完善农田生态系统等方面的工作，达到提高农业生产条件，建设高标准农田的目标。这种建设模式的特点主要体现在坡耕地面积集中连片、建成后整体性强，建设资金由国土资源部门组织财政性资金全额下达，市、县整理中心作为项目业主全程组织项目建设，项目区群众根据其在被整治田块中的权益，在项目规划设计和工程实施阶段提出建设性的意见，项目建成后由国土资源部门验收并交付当地村民委员会管护。

2. 奖补建设型

奖补建设型主要是由国土资源部门通过资金奖补的形式，鼓励耕地权属人或相关权益人对其权益范围内的耕地自行整治，以达到提高坡耕地生产条件的目的。该种建设模式的主要特点是工作步骤简单，充分体现土地权利人的意见，有助于推进农业现代化和土地流转。其工作步骤是首先由土地权益人向当地国土资源部门和财政部门备案自行整治的工程方案；其次由土地权益人根据其农业生产的需求，对权属范围内的耕地开展田块平整和田间道路、农田灌排设施建设；再次在农田各项基础设施建成后，土地权益人向当地国土资源部门和财政部门申请奖补资金；然后国土资源部门派人根据文件规定的奖补工程内容对申请奖补资金的各类已建工程进行复核，并出具复核工作报告，说明符合奖补建设标准的工程数量；最后由当地财政部门根据国土资源部门的复核报告向奖补申请人拨付工程奖补资金。通过该类建设模式建设的片区建设速度较快，土地权属调整无纠纷，但片区规模较小，建设的工程功能单一，与周边农田联系较少。

西南地区属于多山丘陵地区，超过半数的耕地属于坡耕地，坡耕地对西南地区的农业经济发展、粮食安全、生态环境保护具有重要作用，特别是在西南地区的部分贫困山区和沿边地区，坡耕地就是当地农户的口粮田。广西未来应按照分区（先行区、重点区、优先区）采取形式多样的土地整治方式和措施，在保障坡耕地区域粮食安全的基础上，先行开展以保护和改善生态环境为目标的坡耕地整治工程，将坡耕地整治与国家农业产业规划有机结合，加快坡耕地区域高标准基本农田建设；重点开展提高粮食生产能力的工程建设活动，在保障当地农户不休耕的前提下，通过多年分层次、系统的整治工程建成高标准农田；优先开展坡耕地土地整治的各项工程，在项目建设过程中应充分考虑与水利、农业部门的规划配合和衔接问题，不断创新坡耕地土地整治模式，为土地整治规划提供主要决策依据。

二、科研实验室建设

（一）建设生态保护修复科研工作站

南方石山地区生态保护修复科研工作站于 2021 年 11 月获批成立，是在自治区自然资源生态修复中心充分整合各方资源，构筑部、省、市、县四级联动建设机制，以及在自然资源部和自治区自然资源厅的大力支持下成立的。科研工作站围绕南方石山地区生态修复技术研发、南方石山地区生态修复效益评估及其生态补偿研究、生态保护修复和全域土地综合整治模式研究等三大领域的七个研究方向抓好创新课题研究、科技成果研发、创新成果应用等方面的工作，努力将科研工作站建设成为广西一流、全国先进的科技创新平台。

（二）建设耕地质量标准化实验室

耕地质量监测是耕地管理工作的基础，是开展耕地保护工作的重要前提，能为开展耕地质量监测技术研究、快速掌握耕地质量信息、提高耕地质量监测效率提供助力，确保耕地质量监测点信息采集的有效性、科学性，对全面落实 2020 年中央经济工作会议"解决好种子和耕地问题"及习近平总书记"采取长牙齿的硬措施落实最严格的耕地保护制度"等指示精神具有重要意义。

广西壮族自治区自然资源生态修复中心耕地质量标准化实验室是为满足耕地质量调查监测与评价工作对耕地土壤检测的要求而建立的，以土壤理化性状、养分健康状况等为主要检测内容的实验室。实验室为耕地与基本农田质量保护、监督管理、考核管理、占补平衡补充耕地质量验收评定等工作提供客观、公正和独立的检测服务，为各地开展耕地质量调查监测与评价等工作提供技术支撑。耕地质量标准化实验室结合工作需求，推进土地科技创新工作，组织开展"耕作层土壤剥离再利用技术及标准的研究与应用"研究，获得"岩溶石山地区贫瘠土壤生态自动化施肥装置""国土综合整治生态修复用喷洒装置""受污染土壤深层检测与注药修复装置"国家实用新型专利授权，"土地综合整治土层石块破碎装置及使用方法"国家发明专利授权，为广西土地整治事业的发展提供了技术支撑。

三、信息系统技术应用

为深入实施乡村振兴战略，提升自然资源保障水平和生态服务功能，进一步推进土地整治工作发展，广西依托原国土资源部农村土地整治监测监管和全国耕地占补平衡动态监管等国土基础信息平台，自主开发了广西"旱改水"提质改造项目监管系统，对本行政区域土地整治实行数据采集、处理、集成、分析、应用全流程信息化管理。

（一）农村土地整治监测监管系统

2011 年，国土资源部提出了建立备案制度、全面实施信息化网络监管的具体要求，要求各地全面运行农村土地整治监测监管系统。农村土地整治监测监管系统是国土资源部土地整治中心从国家层面设计、建设的信息化管理系统，侧重于对各地子项目常规建设信息的管理，便于国家宏观掌握各省土地整治相关数据信息，主要包括项目立项阶段、施工阶段和竣工验收阶段的规模、投资、工程量、项目区的四至范围坐标等。

广西国土资源主管部门严格落实备案制度，通过农村土地整治监测监管系统报备土地整治项目信息，全面掌握土地整治权属管理状况，将各级各类农村土地整治项目均纳入农村土地整治监测监管系统实行统一监管，把土地权属管理纳入信息化范畴。各市县按照要求填报农村土地整治权属管理信息，做到整治前后土地利用和权属状况及土地权属调整情况等信息完整、准确。为进一步落实监管要求，2013 年起，农村土地整治监测监管系统中的数据作为检查高标准基本农田建设完成情况、重大工程、示范省、高标准基本农田示范县建设实施进展情况，以及省级政府耕地保护目标责任和耕地占补平衡考核的重要依据，为各级国土资源主管部门提供了基本的监管工具，促进了土地整治项目实施的规范化、科学化管理。

（二）耕地占补平衡动态监管系统

2009 年以来，我国逐步建立完整的全国耕地占补平衡监管信息化体系。

国土资源部研发的耕地占补平衡动态监管系统，就是为了落实耕地占补平衡制度，面向国土资源部以及省、市、县级国土资源管理部门应用的网络系统。为严格落实耕地保护监督工作，确保占补平衡真实可信，自然资源部于2019年改进完善耕地占补平衡动态监管系统，该系统的新版本于2020年正式运行，涵盖占补挂钩申报、查询统计、指标库管理、监测预警等功能。备案的主要内容包括耕地项目立项、验收等信息，新增功能包括耕地规模、类型、质量和地块坐标，以及耕地实施前后的图片影像等。完成系统填报是建设用地项目占用耕地以及土地整治项目补充耕地之间的关键环节，为实现全国耕地占补平衡动态监管提供了有效支撑。

（三）广西"旱改水"耕地提质改造项目监管系统

2014年，广西率先推行"旱改水"耕地提质改造项目，对旱地、水浇地、可调整地类进行"旱改水"耕地提质改造。通过规范项目管理、引入社会资本参与建设等举措，强化粮食生产能力，实现"藏粮于地"。2018年，自治区国土资源厅完成广西"旱改水"耕地提质改造项目监管系统的开发并正式投入使用。同时，自治区自然资源厅、自治区农业农村厅联合出台《关于印发广西耕地提质改造项目立项与验收规范（试行）的通知》（桂自然资发〔2018〕17号），文件要求在系统运行后，各市、县自然资源主管部门按要求将本辖区内耕地提质改造项目实施进度表汇总，通过农村土地整治监测监管系统和广西自然资源提质改造项目监管系统上报自治区自然资源厅备案。

第八章

广西土地整治行业监管

随着政府机构改革的深入推进，政府职能从对微观事务的管理向加强监管和服务转变是必然趋势。就土地整治工作而言，按照"把权力和责任放下去、把服务和监管抓起来"的改革思路，广西将土地整治管理重点从项目审批管理转向监测监管和服务，在土地整治行业监管方面建立了参建单位备案制度、实行参建单位信用评价、开展参建单位技术培训，逐步建立起有效的土地整治市场监管体系。

一、建立参建单位备案制度

2011 年，自治区国土资源厅印发《广西壮族自治区土地整治项目参建单位登记暂行办法》（桂国土资发〔2011〕27 号），首次出台参建单位登记暂行办法，并于 2014 年进行了修订，规定凡在广西行政区域内从事土地整治项目可行性研究报告编制、项目设计及预算编制、土地复垦方案编制、项目测绘、项目招标代理、项目工程施工、项目监理、项目施工结算和项目财务决算审计等业务的单位，都必须在自治区国土资源行政主管部门进行登记，纳入参建单位管理。参建单位登记工作遵循公平、公正、公开和诚信原则，参建单位信息向社会公布，接受社会监督。参建单位登记资格有效期为5 年，在登记资格到期之前半年内不重新登记的，视为放弃登记资格；参建单位在有效期内的单位信息变更不等同于单位登记。被取消登记资格的参建单位，3 年内自治区国土资源行政主管部门不再受理其重新登记申请。

2019 年，按照国务院关于"放管服"改革和优化营商环境的要求，以及机构改革后土地整治工作职能的调整，广西废止原自治区国土资源厅印发的《广西壮族自治区土地整治项目参建单位登记暂行办法（2014 年修订)》（桂国土资发〔2014〕38 号），并要求自 2019 年 10 月 1 日起，在广西区内承担各级自然资源主管部门安排的国土综合整治及生态修复项目合同中，项目承担单位应在承担项目后 30 个工作日内（以项目中标书、合同或其他有效文件日期为准）填报《广西国土综合整治与生态修复项目备案表》进行项目备案。项目按投资主体分别到同级自然资源主管部门备案，其中中央、自治区财政投资的项目还需报送自治区自然资源厅备案。

二、实行参建单位信用评价

为营造诚实守信、公平竞争的市场环境，2013 年，自治区国土资源厅制定了《广西壮族自治区土地整治项目参建单位信用评价暂行办法》和《广西壮族自治区土地整治项目参建单位信用评价操作手册》，并于 2014 年对上述文件进行了修订。这两个文件规定了土地整治项目参建单位信用评价的内容和程序，以及信用等级评价结果的应用。信用评价内容主要包括对其成果质量、从业行为、合同履约、服务态度、信用管理等方面的综合评价。

评价工作采取日常监督检查、专项检查、受理投诉举报等方式进行，由自治区、市、县国土资源行政主管部门及所属土地整理机构负责实施，考评区间为每年 7 月 1 日至次年 6 月 30 日。对于信用等级评价结果较高的参建单位，各相关单位在选取参建单位时，应予以优先考虑；信用等级评价被列为 D 级的单位，不得承担全区的土地整治项目。

此外，2019 年，自治区自然资源厅下发了《关于加强自然资源社会信用体系建设的指导意见》。该文件要求各市、县自然资源主管部门、有关项目评审机构、项目业主、土地整治机构参照《广西壮族自治区土地整治项目参建单位信用评价暂行办法（2014 年修订）》和《广西壮族自治区土地整治项目参建单位信用评价操作手册（2014 年修订）》的规定，对承担广西国土综合整治及生态修复项目的参建单位开展信用评价工作。

三、开展参建单位技术培训

全面加强参建单位工作人员培训工作，是建设高素质专业化实施和监管队伍、促进自然资源事业快速健康发展的迫切需要和重要支撑保障。根据岗前培训、在岗培训、转岗培训和专项培训的不同需要，广西提出了不同的培训方式和具体要求。一是明确要对参建单位新聘用工作人员进行岗前培训，以提高其适应单位和岗位工作的能力；二是要求正常在岗的监管队伍工作人员定期参加在岗培训，以增强思想政治素质、培育职业道德、更新知识结构、提高工作能力；三是对参加重大项目、重大工程、重大行动等特定任务的工作人员进行专项培训，以适应完成特定任务的要求。通过加强培训和宣传教育等方式，提高广西土地整治行业参建单位的综合素质。

广西各级国土资源（自然资源）行政主管部门每年均举办不同类型的土地整治项目参建单位业务培训班。培训对象主要为已在国土资源厅（自然资源厅）进行参建单位信用登记，负责广西土地整治项目可行性研究报告编制单位、规划设计及预算编制单位、土地复垦方案编制单位的技术负责人或技术员。培训内容包括：一是对国家、自治区土地整治的最新相关政策文件进行解读；二是传达土地整治项目参建单位诚信考核办法及廉政工作相关要求；三是强调重大项目、重大工程建设实施过程中存在的问题及工作要求；四是讲解土地整治相关技术规程等。

四、规范项目专家库管理

为保障广西土地整治项目的立项、评估论证、规划设计和预算编制的审查以及项目工程质量鉴定、项目竣工验收等方面的科学性和合理性，原自治区国土资源厅设立了广西土地整治项目专家库，专家库主要由从事土地管理、农田水利、农业、公路交通、工程造价等领域，具有中级以上专业技术资格、熟悉土地整治项目建设与管理的人员组成。2011 年，自治区国土资源厅制定了《广西土地整治项目专家库管理暂行办法》(桂国土资发〔2011〕3 号)，明确自治区国土资源厅聘请专家从事土地管理、农田水利、农业、公路交通、采矿工程、工程勘察、项目管理、工程造价、工程审计、城乡规划、环境评价工程测绘等领域，具有中级以上专业技术资格、熟悉土地整治项目建设与管理的人员组成土地整治专家库，并按照"统一条件、分级管理、资源共享、随机抽取、管用分离"的原则，由自治区国土资源厅统一建立自治区级土地整治项目专家库，各市、县国土资源局可建立本级土地整治项目专家库。专家库专家主要职责是接受自治区国土资源厅及下属机构的委托，从事土地整治项目的评估论证、规划设计、预算审查、工程评标、规划设计变更、工程质量鉴定和工程竣工验收等相关技术工作，并依照国家、自治区土地整治项目法规和政策，为土地整治工作提供业务咨询意见，为建立完善土地整治项目的相关技术规范、标准和政策提供建议。

2018 年机构改革前，自治区国土资源厅土地整治专家库主要由自治区国土资源厅土地整理中心负责有关技术性事务性管理工作。

机构改革后，广西壮族自治区自然资源厅办公室印发《广西壮族自治区自然资源厅专家库管理办法》，明确自治区自然资源厅专家库按业务范围实行分类管理，由厅科技与对外合作处负责商相关处室、直属单位制定《广西壮族自治区自然资源厅专家库类别及业务范围》，并负责厅专家库的建设、更新、专家抽取、监督等管理工作，厅各相关处室、直属单位负责其业务范围内专家的征集、审核、使用等工作，自治区自然资源信息中心负责专家库管理系统的建设及维护。

第九章

广西土地整治投入机制建设

一、财政专项资金投入

（一）专项资金直接拨付方式

自 1987 年《中华人民共和国土地管理法》颁布实施以来，新增建设用地土地有偿使用费、耕地开垦费等一直是广西土地整治的主要资金来源，形成了以国家和地方政府专项资金投入为主渠道的土地整治投资格局。

在国家层面，为规范土地整治工作专项资金管理，提高资金使用效益，财政部、国土资源部于 2008 年联合印发《中央分成新增建设用地土地有偿使用费资金使用管理办法》（财建〔2008〕157 号），该文件于 2012 年修订为《新增建设用地土地有偿使用费资金使用管理办法》（财建〔2012〕151 号），明确新增建设用地土地有偿使用费专项用于土地整治支出及其他相关支出，中央对地方转移支付采取因素法、项目法或因素法与项目法相结合的方式分配，因素法重点支持中西部地区和粮食主产区、产粮大县，项目法重点支持整体推进土地整治示范建设项目、土地整治重大工程项目、一般土地整治项目。2017 年，新增建设用地土地有偿使用费由政府性基金转列为一般公共预算后，中央财政设立"土地整治工作专项"，对地方开展的高标准农田建设、土地整治重大工程和灾毁耕地复垦等土地整治工作予以重点支持。

在自治区层面，自治区财政厅、自治区国土资源厅联合印发了《广西壮族自治区土地整治专项资金县级财政审核报账制管理办法》（桂财建〔2010〕203 号）、《广西壮族自治区土地整治专项资金管理办法》（桂财建〔2010〕244 号）等文件，设立自治区土地整治专项资金用于土地整理和开发工作，专项资金主要来源于与中央分成的新增建设用地土地有偿使用费、自治区征收留用的耕地开垦费、自治区集中用于农业土地开发的土地出让金以及其他资金。重点支持基本农田保护区和整备区、粮食主产区、补充耕地潜力大的地区、自治区确定的土地开发整理重大工程区、城乡建设用地增减挂钩项目区的土地整治项目。

（二）以奖代补方式

广西结合自身地形地貌和资源禀赋实际，自 2012 年起创新开展"小块并大块"和"优质高产高糖糖料蔗基地"土地整治，采用以奖代补、先建后补的方式支持市县政府、农村集体经济组织、农业企业、种植大户等参与土地整治建设，其核心是企业、农户和政府基于土地整治项目形成相互合作关系，由企业事先垫付项目投资，政府在验收合格后，按照一定的标准额度给予奖补。

为改善农业经营条件，提高农业规模化水平，破解全区农村耕地碎片化难题，2012 年广西在总结崇左市龙州县农民自发开展"小块并大块"耕地整治实践经验的基础上，在全自治区部署推广"小块并大块"耕地整治，并明确以奖补方式给予农村集体经济组织或农户、农业经营主体资金补助，制定了统一的奖补标准，如土地平整工程按照 300 元/亩标准进行奖补，泥结碎石路面宽 2 米以上按 100 元/米标准奖补、路面宽 3 米以上按120 元/米标准奖补等。"小块并大块"土地整治以奖代补专项资金来源于自治区留用的新增建设用地土地有偿使用费。

为确保在 2020 年前建成 500 万亩高产高糖糖料蔗基地，2014 年广西出台政策以奖补方式支持制糖企业、农业企业、种植合作社、家庭农场、种植大户等建设主体，自筹资金开展相对连片蔗区面积不小于 300 亩的田间工程配套设施土地整治建设，并按 2478 元/亩的标准实行综合补助，补助资金由县级包干使用。各市、县按 462 元/亩的标准筹措财政补助资金，经营主体按要求落实所承担的 660 元/亩土地建设资金，并与各级财政补助资金统筹使用。

二、鼓励社会资本参与土地整治

随着新增建设用地土地有偿使用费纳入一般公共预算管理后，尤其是在 2018 年国家机构改革后，原国土资源部的"农田整治项目管理"职能及相应的土地整治专项资金均划转至农业农村部，用于农田以外土地整治资金大幅度减少。为拓展土地整治投资渠道，广西积极探索多元化土地整治投入机制，鼓励社会资本参与土地整治，2018 年自治区自然资源厅、自治区财政厅、自治区农业农村厅联合印发了《关于印发引导和规范社会资本参与土地整治项目建设指导意见的通知》(桂自然资发〔2018〕16 号)，为社会资本参与土地整治提供了政策支持，进一步促进了土地整治投资多元化和项目实施模式多样化。2019 年，上述三厅再次联合印发《关于印发引导和规范社会资本参与土地整治项目建设有关问题补充规定的通知》(桂自然资发〔2019〕10 号)，进一步规范了社会资本参与土地整治的管理规定。

第十章

广西土地整治
典型案例

一、规模特色农业：百色市田东县祥周镇中平村、百渡村土地整治项目

（一）项目基本情况

1. 项目概况

项目位于百色市田东县祥周镇，涉及中平村、百渡村，总投资 1996.76 万元，实施规模 532.47 公顷。项目建设内容包括土地平整工程、农田水利工程、田间道路工程、村庄整治工程和其他工程。田东县祥周镇地处田东县城西部，境内大部为右江河谷，地势总体呈西高东低、南高北低的特点，最低点海拔 15.6 米。得天独厚的自然条件让祥周镇形成蔬菜、香蕉、西瓜、芒果、香米五大特色农产品基地。中平村和百渡村依右江而建，坐落于田东县城的西北部。

2. 项目特色

（1）"一村一品"特色农产品。中平村与百渡村以土地整治为契机，利用得天独厚的自然条件，因地制宜发展特色农业。中平村以种植香葱为主，百渡村则以种植莲藕为主。中平村香葱产业遵循统一规划、统一品种、统一技术、统一品牌、统一销售原则，打造中平村的香葱品牌——"鸿平"品牌香葱。百渡村研究出了新的高效莲藕种植模式，即立体养殖模式和莲藕同蔬菜轮作模式，利用土地整治项目促进连片种植莲藕，使得种植莲藕成为百渡村优质致富项目。

（2）建设宜业宜居新农村。中平村与百渡村通过土地整治项目，完善农村水利和村屯道路、排水沟等基础设施，将荒草地转为耕地，增加耕地面积。完善农业生产设施后，中平村与百渡村加快调整农业生产结构，降低了农业生产成本和风险，确保了农业生产的稳定，促进了农业和农村经济的可

持续发展。此外，中平村与百渡村开展农村生态环境和人居环境综合整治，促进生态农业和文明乡风建设，在美化村庄环境的同时，也改善了村容村貌，建成一批村落布局规整、生产生活方便、居住环境明显改善的宜业宜居社会主义新农村。

3. 存在问题

（1）农田基础设施与村屯道路设施落后。实施土地整治项目前，中平村与百渡村的水利灌溉设施较为落后，部分渠道和排水沟丧失了灌溉、排涝（洪）的功能。此外，道路泥泞，交通不便，田间道路和生产道路不完善。

（2）乡村环境较差，生活设施不完备。实施土地整治之前，项目区存在脏、乱、差等问题，缺少排水管、污水处理池和排污沟等生活设施。

（3）缺乏主导产业，区域布局分散。缺少科学规范引导种植农作物，没有种植特色农产品，且在规模、标准、集中度等方面，与区域化布局、专业化生产、一体化经营的产业发展要求相比，有较大差距。

（二）项目具体做法

1. 打造一村一品，发展规模特色农业

通过土地整治工程，改善农业生产条件，提高土地适宜性，在祥周镇的蔬菜、香蕉、西瓜、芒果、香米五大特色农产品基地，呈现"一村一品"规模特色农业生产格局。中平村采用"公司＋合作社（协会）＋基地＋农户"的生产模式，种植香葱面积达4000亩，打造中平村"鸿平"香葱品牌。百渡村位于右江南岸，地处平地，水源充足，适合发展双季莲藕种植。

2. 完善基础设施，实现现代化农业生产

通过实施土地平整、农田水利、田间道路、村庄整治等综合性的整治工程，修建生产路、田间道路，便于田间耕作。完善的农业生产设施和充足的水源，满足了香葱和莲藕的用水需求，加上中平村和百渡村合理的农业生产结构，降低了农业生产成本和风险。组建的无公害蔬菜农民专业合作社，共同推动蔬菜种植基地的规模化生产，同时吸引和培育现代农业"龙头企业"，发展以蔬菜生产、农业观光、生态休闲为主要内容的现代生态观光农业。

3. 以土地整治为契机，改善村容村貌

中平村、百渡村以农村垃圾、污水治理和村容村貌提升为方向，通过修建村屯道路、整治排水排污、建设垃圾池等措施改善村容村貌和人居环境。同时，还通过全面清理私搭乱建、乱堆乱放、乱贴乱画、卫生死角，整治残垣断壁、危废建筑，集约利用村庄内部闲置土地等方式扩大村庄公共空间。实施以"三清一改"（清理农村生活垃圾、清理村内塘沟、清理畜禽养殖粪污等农业生产废弃物，改变影响农村人居环境的不良习惯）为重点的村庄清洁行动，由村庄面上清洁向屋内庭院、村庄周边拓展。此外，引导农户在农村"四旁"（村旁、渠旁、路旁、屋旁）建设小花园、小果园、小菜园等。从改善村庄公共环境、推进乡村绿化美化、加强乡村风貌引导等三个方面，改善村容村貌和人居环境，建设美丽宜居乡村。

（三）项目成效

1. 实现"一村一品"规模特色产业新格局

祥周镇形成了蔬菜、香蕉、西瓜、芒果、香米等特色农业格局，中平村打造了香葱品牌"一村一品"特色农业，百渡村改良新型莲藕品种，实现了莲藕规模化种植。中平村种植（含复种）"鸿平"品牌香葱达4000亩，日销售香葱达20吨，农民仅此项人均年收入就超过4000元。2011年，中平村获"广西香葱村""百色市新农村建设明星村""人均纯收入超6000元十强村"等荣誉称号。百渡村利用大规模的平整土地，大力发展双季莲藕种植，莲藕种植规模从最初的几十亩发展到200多亩，亩产优质莲藕2000

多千克，仅此一项的年收入就有 200 多万元。

2.改善了农业生产条件，提高了耕地质量

中平村、百渡村通过平整土地、兴修水利、修建道路等措施改善了项目区农田水利设施、交通设施等农业生产条件，提高了耕地质量，解放了农村劳动力，促进农业增产、农民增收。土地整治不仅改变了全县农业农村发展方式，还让群众坚定了致富奔小康的信心，促进了农业现代化、农村园林化。祥周镇中平村、百渡村土地整治项目已成为一项民心工程、惠民工程，实现了良好的经济、生态和社会效益。

3.利用"公司+合作社（协会）+基地+农户"生产模式，提高了农业组织化程度

中平村加大了招商引资力度，利用"公司 + 合作社（协会）+ 基地 + 农户"的生产模式，提高了农业的组织化程度。中平村党总支部与电力、银行等各行业有关企业和社会组织开展联建、共建活动，率先建成了广西第一家村级 24 小时自助银行；田东县电力公司为中平村全面改造电网，投入 40 万元购置自动喷淋系统和安装配套电力设施，在中平村建立 200 多亩香葱地自动喷淋示范田园区。百渡村研究出立体养殖模式和莲藕同蔬菜轮作模式，在鱼藕共养到当年 7、8 月采收完后，可轮作一季蔬菜，具有较高的经济价值。

（四）经验总结

1.利用自然优势，发展特色规模农业

中平村、百渡村利用得天独厚的地理和资源优势，发展香葱产业和莲藕产业，极大地促进了经济发展。

2.完善的基础设施是发展农业的前提

土地整治前，项目区的水利灌溉设施较为落后，难以种植香葱、莲藕

等水生农作物。土地整治后，完善的基础设施不仅促进了现代农业生产、为作物收成提供了良好的保障，还提高了当地农民的生活水平。

3. 建设文明乡风，发展现代生态观光农业

项目区开展农村生态环境和人居环境综合整治，推动生态农业和文明乡风建设，在美化村庄环境和改善村容村貌的同时，还促进了以蔬菜生产、农业观光、生态休闲为主要内容的现代生态观光农业发展。

二、特色扶贫：柳州市三江侗族自治县丹洲镇板江社区、红路村、板必村土地整治项目

（一）项目基本情况

1. 项目概况

项目位于柳州市三江侗族自治县丹洲镇，涉及板江社区、红路村、板必村，总投资 1996.84 万元，实施规模 523.49 公顷。丹洲镇地处三江侗族自治县南部，境内河流为融江、西坡河、板必河，以山区丘陵为主，地势总体呈西高东低、南低北高，最低点海拔 112 米，土地后备资源比较匮乏。丹洲镇粮食作物以水稻为主，主要经济作物有甘蔗、沙田柚。

2. 项目特色

（1）发展农业，助力脱贫

柳州市三江侗族自治县丹洲镇板江社区、红路村、板必村从实际出发，对田、水、路、林、村进行综合治理，增加了耕地面积、提高了耕地质量、改善了生产条件、修复了生态受损的土地，兴修农田水利工程保证项目区的灌溉用水，使农作物种植由原来的种植水稻和甘蔗转变为水稻、甘蔗、蔬菜、经济林木、水果、茶叶并重，提高农村土地产出与效益，让 7206 户群众受益。

（2）群众支持，民主决策

板江社区、红路村、板必村推进土地整治项目得到了人民群众的大力支持。土地整治项目实施之前，三江侗族自治县土地开发整理中心就已充分征求当地政府、村民委员会以及农民代表的意见。完成可行性研究后，三江侗族自治县土地开发整理中心专门组织项目编制单位及有关部门在项目区召开了项目初步设计方案现场征询意见会，让村民踊跃提出意见和建议；并且编制单位在提交初步设计成果之前反复征求当地群众的意见，力求项目规划设计成果符合实际。

（3）平衡经济发展，兼顾生态环境

项目的规划设计始终关注水利、道路等工程设施建设的生态合理性，土地利用结构的合理性、使用效率及项目建设与环境之间的生态协调性，从可持续发展的角度出发，本着环境保护与资源开发利用并举的原则，科学地开展工作。通过对项目区的综合整治，改变原来易涝易旱的问题，净化农田小气候和水域，在保证经济得以发展的同时改善区域生态环境。

3. 存在问题

（1）农业生产落后，农田质量下降。土地整治项目开始前，板江社区、红路村、板必村主要种植经济效益不高的水稻和因交通不便难以运输的甘蔗。板江沿岸防冲能力低，洪灾发生后，河道护岸被冲毁，大量河沙侵蚀农田，导致农田质量下降。

（2）基础设施不完备，灌溉水源匮乏。农田基础设施薄弱，主要灌溉渠系水渗漏严重，水利用系数低，项目区内作物需水无法得到保证。同时，村庄内部缺乏必要的晒谷场及道路硬化等设施，农作物运输和晾晒得不到保障。

（3）后备资源匮乏，平整耕地少。板江社区、红路村、板必村以山区丘陵为主，地势较高，农业生产和运输较为困难，缺少旱涝保收的优质农田。

（二）项目具体做法

1. 增加平整耕地面积，发展农业，助力脱贫

丹洲镇为丘陵地貌，不适宜开展大面积土地平整工程。因红路村耕地比较平坦，土地相对连片开阔，有水源保证，因此土地平整工程仅对红路村的部分耕地进行。通过平整工程，将本片耕地整理为高标准农田，提高田块平整度、灌水均匀度以及排水畅通度，达到提升耕作效率的目的，并起到一定的示范作用。同时加强项目区内的生产管理，在稳定粮食生产的基础上，扩大经济作物的种植面积，引进优良作物品种，重点发展特色经济作物生产，助力三江侗族自治县实现脱贫目标。此外，推进项目区耕地标准化、社会化、信息化建设，发展当地特色农业。

2. 完善水利和交通设施，改善居住环境

板江社区、红路村、板必村的水利和交通设施主要从损毁的水利设施、灌溉设施以及道路硬化着手。首先是针对水利设施损毁情况，解决方案首先是通过新建斗渠、农渠和对原有渠道进行防渗改建等方式，为项目区灌溉提供保障，并配套田间灌排渠系，以达到旱能灌、涝能排的农业生产要求。其次是配套完善灌溉、排水和田间道路系统，提高水利用率，并改善生产交通条件。最后是加大资金投入，对村庄进行整治，统一规划、统一实施，做好村庄道路硬化等工作，改善居住环境，提升群众现代生产生活观念，促进城乡和谐发展。

3. 征求群众意见，促进民主决策

一是组建领导组织。县委、县政府组建三江侗族自治县整村推进土地整治项目实施领导小组，负责整个项目工程建设的组织领导，丹洲镇也建立相应的组织领导机构，落实人员、明确职责，保障项目顺利推进。二是做足群众工作，夯实群众基础。主要做法是通过项目区附近的土地整治项目向村

民宣传土地整治工作的意义和必要性。三是征求群众意见，鼓励群众参与决策。在进行项目可行性研究时，三江侗族自治县土地开发整理中心充分征求当地政府、村民委员会及农民代表的意见；可行性研究完成后，三江侗族自治县土地开发整理中心专门组织项目编制单位及有关部门在项目区召开了项目初步设计方案现场征询意见会，并号召农民群众踊跃参加；会后，各屯村民随同编制人员进行实地踏勘，提出意见和建议；编制单位在提交初步设计成果之前，反复征求当地群众的意见，力求使项目规划方案更加合理，更加符合当地的耕作要求。

（三）项目成效

1. 发展特色农业产业，实现脱贫致富

三江侗族自治县土地后备资源比较匮乏，经济收益主要为农业种植效益，以种植沙田柚及竹子为主导产业，种植水稻、甘蔗、蔬菜、经济林木、水果、茶叶次之，助力三江百姓脱贫致富。通过土地整治，项目区新增耕地面积 42.1 公顷；整治前项目区年均产值为 714.68 万元，整治后项目区年均产值为 945.26 万元，年均新增产值为 230.58 万元。

2. 改善农业综合生产条件，促进社会主义新农村建设

首先，恢复灾毁耕地和交通水利基础设施。通过土地整治，减少潜在灾毁影响因素，加快灾毁耕地复垦，推进交通水利基础设施建设，改善农民生产生活条件。其次，提升农业综合生产条件。通过土地整治，增加有效耕地面积，改善农田水利、道路等农业生产条件，提高耕地质量；规划建立高标准的格田区，实现规模化经营、机械化耕作，提高当地群众的生产、生活水平，增加农民人均纯收入。再次，促进社会主义新农村建设。项目实施有效解决群众出行难及原来村庄脏、乱、臭等问题，改善农民居住条件，完善基础设施和公共服务配套设施建设，改变村屯面貌，不仅有利于保持农村的

社会稳定，还为经济建设、精神文明建设实现跨越式的发展奠定了基础。

3. 保护耕地，实现可持续发展

将耕地纳入新一轮乡镇土地利用总体规划基本农田保护区范围，按照基本农田保护区管制措施进行严格管制，建设基本农田保护管理台账，设置统一的基本农田保护标志，落实基本农田保护公示制度。项目实施后，对土壤肥力进行了重点监测，多途径增施有机肥料，提高和维持土壤有机质平衡，改善土壤质量，提升耕地地力等级与农业综合生产能力。土地整治项目对易受洪水冲毁与干旱影响的农田，有针对性地采取农田防护工程措施，提高防灾能力，保护基本农田。

（四）经验总结

1. 改造地力条件，发展特色农业，实现特色扶贫

增加平坦耕地，在土地整治区种植水稻、甘蔗、蔬菜、经济林木、水果、茶叶，以沙田柚及竹子为主导产业，打造丹洲沙田柚特色农业品牌，使板江社区、红路村、板必村走上脱贫致富的特色发展道路。

2. 奠定群众基础，鼓励群众参与

在土地整治的前期、中期、后期，积极倾听群众的意见，建立健全积极有效的公众参与机制，允许和鼓励群众参与土地整治项目，拓宽农民就业渠道，增加农民收入。

三、旅游开发：桂林市龙胜各族自治县和平乡大寨村、小寨村、中禄村土地整治项目

（一）项目基本情况

1. 项目概况

项目位于桂林市龙胜各族自治县和平乡，涉及大寨村、小寨村、中禄村三个村，总投资 2437.50 万元，实施规模 650.00 公顷。龙胜各族自治县位于桂林市西北部，地处越城岭山脉西南麓的湘桂交界处。龙胜"万山环峙，五水分流"，地势东、南、北三面高而西面低。境内多山，层峦叠嶂，因为可以耕种的田地少，人们为了生存，多在半山腰上开垦水田，水田以梯田形式为主。龙胜以第一产业为主、第二产业为辅，主要农作物产品包括稻谷、玉米、蔬菜、水果和茶叶等。龙胜工业发展相对滞后，主要包括建材、纺织品、食品加工和家居用品等产业；旅游资源丰富，旅游业的发展也对龙胜的经济发展起到了重要的推动作用。

2. 项目特色

（1）国家战略优势明显。在国家大力提倡新农村建设的背景下，龙胜各族自治县紧紧抓住土地整治的机遇，大力推进新农村建设，积极稳妥开展村庄整治，土地利用由粗放型向集约型转变。

（2）项目区域旅游资源丰富。龙胜各族自治县旅游资源丰富，主要有壮丽的梯田和多元的少数民族文化。龙胜梯田是农民数百年来对土地智慧使用的结晶，展现了人与自然和谐相处的美丽场景，形成了以龙脊梯田、龙胜温泉两大景区为核心，集大唐湾景苑、龙胜温泉国家级森林公园、西江坪风景区、花坪国家级自然保护区、彭祖坪景区及银水侗寨等六大景区于一体的大旅游格局。大寨、小寨、中禄三村都处于闻名世界的龙脊梯田景区中，景

区内的梯田如链似带，从山脚一直盘绕到山顶，线条行云流水，蔚为壮观。项目区域具有巨大的土地整治潜力，通过土地整治修复生态环境和完善基础设施建设，能够改善旅游环境，吸引更多的游客，助推经济发展。

（3）地方政府高度重视。2009年以来，为了推进全县土地整治工作，龙胜各族自治县委、县政府高度重视，明确责任，提供强有力的组织保障。对每个土地整治项目分别成立了以主管副县长为组长的土地整治重大工程领导小组，下设办公室和督导小组，各乡（镇）也成立了相应的领导机构。乡镇土地整治工作协调小组负责组织宣传发动、工程监督、调解矛盾纠纷等工作。采取县、乡（镇）、村民委员会、自然村（组）四级联动机制，层层抓落实，形成了从上到下齐心协力，共同推进土地整治工作稳步前进的局面。县政府在项目申报前通过与乡（镇）政府、村民委员会以及自然村协商达成共识，并积极发挥项目区乡镇政府、村民委员会等基层组织的桥梁和纽带作用，充分调动项目区群众参与的积极性，在项目实施过程中强化资金监管，严格做到专款专用，杜绝贪污腐败，坚决贯彻落实自治区土地整治相关要求，确保项目建设优质、安全。

3. 存在问题

（1）游客数量的快速增长和梯田的开发，导致农田的灌溉用水不足；大量劳动力从田间地头转向旅游服务业，疏于田间管理和维护，导致梯田的塌方修复工作得不到重视；生活垃圾及污水排放量加大，造成农田污染；缺乏有效的生态保护监管机制，难以对破坏生态的行为做出有效的管理和处罚。

（2）道路建设相对滞后，交通拥堵问题突出，交通事故频发，难以满足旅游业发展带来的大量游客的旅行需求，使居民出行和货物运输不便。

（3）人类活动频繁、地势高差较大，使得梯田水土流失问题较为严峻，加剧了土壤侵蚀和水资源匮乏的问题。当地缺乏相关的水土流失规划，难以有效开展水土保持工作。

（二）项目具体做法

1. 土地平整工程

该项目的土地平整工程的首要目标是修复崩塌梯田，依靠科学有效的管理和保护措施使梯田得到合理利用和可持续发展。项目实行部分"旱改水"并提高旱涝保收率，有效地提高了农业生产效益。

2. 农田水利设施建设工程

加强对水资源的管理，建立水资源调配和分配机制，确保合理利用水资源，优先保障农田灌溉的需求。根据梯田的地势和水源分布情况，修建排水沟和水渠，确保梯田排水通畅。加强对旅游企业的污水排放监管，建立严格的执法机制，妥善处理生活垃圾和污水。

3. 农田防护与生态保持工程

为了做好水土保持和农田防护工作，采取修建梯田防护林带的措施以防止水土流失和土壤侵蚀，有效地起到保持水土的作用。栽植灌木，增加了植被覆盖率，实现了项目区内的水土保持和生态平衡。

4. 旅游开发工程

基于龙胜丰富的历史文化资源，本项目以保护龙胜历史文化为依托，把土地整治与美化龙胜的少数民族风情及农耕文化有机地结合起来；与规划设计单位密切协作，在平安乡龙脊片区土地整治项目中提出了"山是生命，水是命脉，景观是灵魂，梯田是眼睛"的独特理念，并以"修新如旧"的工作方针为指导，规划、实施土地整治项目。

5. 道路建设工程

对项目区内破旧不平的道路进行修建和铺设，确保道路平整、宽敞，便于车辆和行人通行。对狭窄的道路进行拓宽，提高道路通行能力，缓解交通拥堵状况。在道路两侧设置照明设施，保证夜间交通的能见度和安全性。

（三）项目成效

1. 土地平整工程

经土地整治，项目区修复崩塌梯田 12.75 公顷，每年可以增加净产值 7.08 万元。按现有市场价计算，整理后新增的 19.63 公顷耕地可增加产值 10.89 万元。在增加对农田水利的投资后，农田水利设施得到较大程度的完善，通过实行部分"旱改水"以及增加旱涝保收率，有效地提高了农业生产效益。项目区增加水稻种植面积 35.5 公顷，相应减少了旱作物种植面积 17.30 公顷，另外罗汉果的种植面积增加了 0.47 公顷。

2. 完善水利设施，提高居民生活条件

项目区改造和疏浚农田灌溉渠道，确保水流畅通，减少水资源浪费并解决土地水分不足的问题；在农田和居民区安装水井和水泵，提供持续稳定的水源，满足农田和居民的用水需求；完善污水管网，建设污水处理厂或采用分散式污水处理技术，对居民和游客的生活污水进行处理，减少对水源的污染；建立水质监测系统，定期监测水源的水质，对有污染的水源进行治理，确保供水的安全和卫生。

3. 农田防护林有效防治水土流失

为了做好水土保持和农田防护工作，项目区在容易发生水土流失的道路两旁和田间地头，新栽植灌木 1907 株，有效地起到保持水土的作用。栽植灌木增加了植被覆盖率，水土也得到保持。这在很大程度上维持了项目区内的生态平衡。

4. 因地制宜改造交通道路

项目区在原有道路的基础上，将没有改造的主要土路改造成石板路。在原有土路和崎岖不平的道路上铺设青石板，坡度较陡的区域建成台阶道路。经过整治，改善了农业生产条件和旅游观光条件，降低了农民耕种的劳

动强度，方便了农民进行农业耕作，促进了农业生产。

（四）经验总结

1. 挖掘利用自然人文资源，发展乡村旅游

龙胜各族自治县充分利用农耕梯田、红瑶文化和自然风光等资源发展乡村旅游，打造"西山韶月""千层天梯""金佛顶"等雄奇景观，同时将乡村旅游收入用于古民居、古建筑的保护和梯田景观的修复，实现种田与护田双创收。

2. 加强梯田保护，推动产业融合

项目区以和谐共生的理念处理人与自然的关系，严格遵守时令进行稻田耕种、收割等生产活动。在发展旅游业的同时，始终坚持农业生产这个根本，加强对梯田的保护，确保农业生产与旅游开发同步可持续发展。

3. 建立利益共享机制，提高农民收入

创新"政府主导、企业运营、社区协作、居民参与"为核心的旅游开发模式，建设与村民共享利益的机制，如龙脊景区每年将门票收入的 7% 返还给村民委员会，大大提高了村民的发展积极性。

四、小块并大块：崇左市龙州县上龙乡土地整治项目

（一）项目基本情况

1. 项目概况

项目位于崇左市龙州县上龙乡，总投资 1151 万元，实施规模 537.32 公顷。上龙乡，地处龙州县城北部，东邻上金乡，南靠龙州镇，西与武德乡相连。地处北热带，热量丰富，雨量充沛，日照充足，非常适宜甘蔗种植，蔗糖业是上龙乡的支柱产业。上龙乡是耕地"小块并大块"的发源地，通过

"小块并大块"土地整治，上龙乡细小破碎的土地实现了集中连片，大规模的甘蔗种植以及甘蔗"双高"基地建设得到实现。"小块并大块"的耕地整治模式被原国土资源部列为全国土地改革试点。

2. 项目特色

（1）项目区域资源禀赋优越。截至 2023 / 2024 榨季，崇左市的糖料蔗产量和食糖产量已连续 21 个榨季位居全国设区市第一，是名副其实的"中国糖都"。糖业是龙州县经济和社会发展的支柱产业，对振兴龙州县经济具有重要意义。

（2）项目区位优势显著。龙州县具有沿边优势、口岸优势、资源优势，对接粤港澳大湾区和西部陆海新通道沿线城市，口岸经济快速发展。

3. 存在问题

（1）随着市场经济的深入发展和农村城镇化建设进程的进一步加快，农户承包耕地"面积小、地块多、分布散、机耕难、效益低"等问题日益凸显，农户承包耕地不能适应农村规模化、机械化、产业化、市场化发展的要求，农村农业生产力发展受到严重制约。

（2）历史原因使得农户耕地严重零散，农田界线曲折模糊，导致相邻的农户比较容易发生摩擦，土地纠纷频频发生。村屯之间耕地相接，但因对共同的蔗区道路修建意见不统一、责任不明确等问题，群众之间屡有矛盾。

（3）项目区大部分为地质灾害区，自然环境恶劣，生态脆弱，农民依靠种植业所产生的经济效益低。随着现代高速铁路、高速公路的建设，左江航运功能基本丧失，再加上行政区划的改变，龙州从桂西南的政治经济文化中心逐渐变成交通不便、信息闭塞、边远贫困的落后县域，陷入了"老、少、边、山、穷"的发展困境。

（二）项目具体做法

1. 发挥模范作用，各级党组织要正确引导

为了提高土地整理在新农村建设中产出的效益，龙州县国土资源管理工作者就如何引导和帮助农户将分散的责任田集中整合后合理合法地流转、重新分配土地经营权、通过规模生产促进增产增收等问题进行了探索和尝试。针对龙州县上龙乡在实施土地整理中推行的耕地"小块并大块"模式，各级政府高度重视，市、县国土资源管理部门及原国土资源部领导多次莅临现场进行视察调研，并给予充分的肯定。在龙州县上龙乡"小块并大块"土地整理项目开展过程中，村干部和基层党组织带头冲锋，起到了关键作用，给上龙乡"小块并大块"土地整理工作的全面开展打下了良好基础。

2. 开展调查研究，认真听取群众意见和建议

在群众工作方面，项目认真开展调查研究。一是农民民主议定。建立定期召开村民大会讨论"并地"方案、成立工作小组等机制，确保项目在获得三分之二以上村民同意后方可实施。二是农民自行组织实施。由村民组成工作组，核实原地块地类和面积，张榜公示，待村民没有异议后，由村民自行组织实施。三是规范分地及登记。并地完成后，按农户人口、并地后耕地面积等条件，采取随机抽取方式，造册登记并签字确认，再由群众向政府申请换发土地承包经营证。

3. 强化企业参与，探索创新整治模式

稳定农村土地承包关系，鼓励和支持承包土地向专业大户、家庭农场、农民合作社流转，大力支持发展多种形式的新型农民合作组织，培育壮大龙头企业，因地制宜地探索实施与现阶段"小块并大块"耕地整治相适应的新模式。一是大户承包经营构建家庭农场经营模式。二是"并户联营"构建农民专业合作社经营模式，该模式可实现农户与农民专业合作社收益共

享、风险共担。三是"公司＋基地＋农户"新型农场经营模式。

（三）项目成效

1. 探索土地流转新模式，实现经营产业化

龙州县上龙乡在开展土地整治的同时，大力推行了耕地"小块并大块"集约化调整。通过对零星分散的耕地进行并块并重新分配到户，实行耕地连片经营，打造农村土地流转新模式，实现了经营产业化。上龙村在土地整治后已形成"田成方、路相通、渠相连"的格局，实现了农业生产机械化、标准化和规模化。该屯群众一鼓作气，将全屯余下的 630 亩耕地实行并地，还自筹资金 24 万元用于配套建设喷灌治旱工程，建立了 500 亩黑皮果蔗种植示范基地，定时定量科学合理喷灌，实现了农业种植规模化、耕种机械化和管理现代化。

2. 小块地并出大效益，利民惠民新工程

以项目促效益，以工程惠民生。上龙乡凭借土地整理项目及农田水利工程建设项目实施的机遇，有效解决了村民自发实施耕地"小块并大块"资金不足的问题，极大促进了"并地"后农业设施的完善，实现连片种植黑皮果蔗 520 亩，亩产量由 6 吨提高到 10 吨，收入也由原来的每亩 6000 元提高到了 10000 元。通过"结对并地"形式，实施耕地"小块并大块"938亩，弄农屯建成了黑皮果蔗、无公害蔬菜等特色农产品生产基地，实现了专业化、规模化、机械化、水利化的现代农业生产，农业生产效益大幅度提高。

3. 结对并地，开拓农民增收作新天地

项目区建立"结对并地"促进"小块并大块"教学实践基地，通过基地的示范作用，带动全乡 46 个屯实施"结对并地"工程，共优化整合耕地面积 3.1 万亩，其中弄农屯并地面积 980 亩。项目区建立了黑皮果蔗种植、

大棚蔬菜种植和香蕉种植三个产业示范基地，为农业产业结构的优化调整和农业增长方式由粗放向集约经营转变迈进了一步，为真正实现农业增长、农民增收做好铺垫。

4.建设"双高"基地，实现糖料蔗高单产

龙州以"双高"基地建设为契机，整合各方面资金，实施耕地整理，实现"小块变大块"，推进"一户一块地"调整，发展规模化集约化经营、标准化机械化生产，转变了农业经营模式，取得了很好的效益。通过"小块并大块"完成"双高"基地建设435.61万亩，占比达100%；整合前共442.25万块，整合后共43.78万块。"双高"基地综合机械化率达67.08%，其中机耕率99.62%、机种率75.66%、机收率15.11%；种植良种率达100%；糖料蔗单位面积产量达到7.15吨，平均每吨甘蔗生产成本降低100～150元，每亩甘蔗可增收800～1200元，引领广西2000万蔗农脱贫致富，促进了农业农村现代化。

（四）经验总结

1.拓宽资金来源，项目实施有保障

实行耕地"小块并大块"的村屯多分布在土地贫瘠的贫困山区，平整土地需要财政的大力支持。在实施过程中，政府整合资金向主要乡镇倾斜，同时，还积极引进企业投资，拓宽资金来源，确保"小块并大块"工作顺利开展。

2.充分利用自身资源禀赋，推动产业发展

因地制宜发挥自然资源优势，从当地的特色产业出发，精准定位区域资源优势，发展支柱产业，大力推动现代特色农业发展，走出了一条从"人无我有"向"人有我优"跨越的路子。

3.发挥"小块并大块"优势，推动现代农业经验

"小块并大块"前，地块过于分散，不利于耕作、经营和管理。实施"小块并大块"后，地块得到集中，大块地块耕作管理方便，有利于实现规模化和现代化。配套建设滴灌设施进行机械化耕作，真正实现农业产业化经营。

五、土地流转：防城港市上思县叫安乡杆青村土地整治项目

（一）项目基本情况

1.项目概况

项目位于防城港市上思县叫安乡，涉及杆青村，总投资2230.00万元，实施规模595.99万元。上思县地处广西西南部、防城港市的西北面，与南宁市江南区、良庆区和崇左市宁明县、扶绥县以及钦州市钦北区相邻，是防城港市唯一的市辖县。上思属南亚热带季风气候，是广西林业大县，县域内森林资源尤为丰富，全县森林覆盖率在60%左右，素以"中国氧都"而闻名，还有著名的十万大山森林公园。上思"三香"最为有名，分别为上思香糯、上思香猪、上思香菇。上思香糯有"一田种糯遍峒香，一家蒸糯全村香"之说；烤后的上思香猪色泽金黄、皮酥肉嫩，让人垂涎欲滴；上思香菇产于十万大山，是上思县的传统出口产品。

2.项目特色

（1）新农村建设示范点。杆青村于2010年完成建设总体规划，同年被列为防城港市级新农村建设示范点。杆青村借助土地整治项目的实施，在新农村建设中取得了可喜的成绩，创造了一个农民群众安居乐业、物质文化生活丰富多彩，人与人和谐相处的良好环境。

（2）具有完善的规章制度。《上思县土地开发整理实施方案》中，明确规定上思县土地储备整理中心为土地开发整理的项目业主，负责具体的政策处理和工程管理工作；国土资源局负责项目的立项、报批、设计和验收；财政局负责资金拨付和投资审价；农业局负责建成农田的管理维护。积极探索建立和创新各项土地整理制度。专门编制了操作规程，对项目建设管理的各个环节进行了严格规定。在规划设计上，规定每个项目在推进前都必须经防城港市国土资源局论证和批复。

（3）区域资源禀赋。上思县气候湿润，土地肥沃，适宜种植黑皮果蔗。杆青村在原有的土地和新平整出来的土地都种上了经济价值高的甘蔗，该村连片种植的黑皮果蔗，粗壮结实、皮薄肉脆、清甜多汁，畅销各地，不仅增加了种植户的收入，也带动了经济发展。

3. 存在问题

（1）土地整治项目启动之初，面临着资金投入大、建设战线长、涉及部门多、政策处理难等诸多困难。

（2）交通的不便利，直接影响老百姓的收益。通往项目区的山路曲折蜿蜒，甘蔗和农副产品，若缺乏运输条件良好的道路，则难以运出山外，从而无法发挥其潜在的经济价值。

（二）项目具体做法

1. 土地经营规模向现代农业产业转型

扩大土地经营规模，实现小规模农业由传统向现代农业产业转型，将新开垦出来的土地承包给农户。土地流转使农民在原有的土地使用权限内，有了更多可利用土地的方式，满足了他们发展规模化农业的需求。同时，增加对农民的培训，围绕甘蔗种植技术、农作物病虫害防治、外出务工人员职业技能等重点内容，依托县镇各类培训机构，通过聘请市县专家、"田秀才"、"土专家"手把手传授及开讲座等方式，扩大甘蔗的种植面积，提高广大农民的科技种植水平。

2. 工程综合治理，维护农民合法权益

上思县在实施土地整治过程中，以促进农民有效地使用土地实现农业增收、农村发展为出发点和落脚点，把维护农民合法权益放在首位。根据"全域规划、全域设计、全域整治及实行最严格耕地保护和节约用地制度"的要求，结合新农村建设目标任务，在全面分析项目区村镇自然资源、产业发展、土地利用、农田水利、农民住宅及农村基础设施建设状况的基础上，对农用地、宅基地和集体建设用地、未利用地按照"宜垦则垦、宜整则整、宜耕则耕、宜林则林、宜建则建"的原则进行土地开发整理复垦，全面推进村庄旧房改造、农民新居、基础设施和公共服务配套设施建设。

3. 土地整治新方向，推进生态文明建设

叫安乡杆青村在土地整治、流转使用过程中为服务生态文明建设，提高土地整治规划的综合性和科学性，把生态景观因素纳入土地整治规划中。重视规划过程评价，加强多部门、多学科合作，增加空间数字化技术应用、提高公众参与性。做好土地整治生态景观规划和建设示范，加快土地整治生态景观建设科技支撑，结合新一轮农村土地整治项目，构建长期的土地整治生态景观建设技术研发、技术集成示范、监测评价科技支撑体系。把握好不同类型土地整治生态景观的关键环节，在村庄整治实践中，维系和提升地域景观特征，挖掘乡村景观美学和文化价值，促进乡村休闲旅游经济发展。

4. 做好群众工作，为百姓着想

通过贯彻群众路线，做好群众工作，项目得以顺利实施。项目区以甘蔗为主要经济作物，在项目未实施之前农民群众普遍用肩扛、牛车拉的方式，把甘蔗运输到主要道路。而现在修建了田间道，机动车可以开到甘蔗地旁直接装车，从而大幅提高群众的生产效率。农田水利方面，项目建设中有排水、引水沟渠等工程，耕种时可以根据实际需要来灌溉或者排水，让农民群众改变一味靠天吃饭的局面。

（三）项目成效

1. 土地流转使用，改善资金投入问题

叫安乡杆青村土地整治项目的实施，有效解决了长期以来农田道路、水利设施建设资金投入严重不足的问题。经过土地整治，项目区土地相对平坦，机耕路、排灌渠密度明显增大，道路通达度和质量快速提高，防洪防涝抗旱能力进一步提升，极大地改善了农业的生产条件和农民的生活环境，为促进农业增效、农民增收和新农村建设作出了重要贡献，为建设现代农业园区、发展现代农业经济奠定了坚实的基础。

2. 产业开发势头良好，农民收入显著提高

因地制宜充分发挥区域、资源优势，进一步加大甘蔗种植力度。一是实行规模化种蔗，仅在 2011 年甘蔗总产值达 26800 吨，人均甘蔗纯收入为4750 元，相比去年提高了 12%。二是发展特色产业，试点种植木薯 50 多亩，并与华林公司合作加工，预计带来 40 多万元的经济收入。

3. 基础设施逐步完善，公益事业发展迅速

杆青村修建水泥路约 25 公里，贯穿 9 个自然屯，为群众生产生活提供了极大的方便。在项目区完成道路硬化后，拉蔗货车能便利地行驶在平整的路面上。道路硬化为农副产品的运送提供了便利，是提高经济发展水平和农民生活水平的有力助推器。除了成片的甘蔗林、蜿蜒盘曲的硬化道路，杆青村项目区还修建了水渠。水渠依地势而修，小水渠已经修到了一些甘蔗地头。水渠皆用水泥铺就，在方便农作物灌溉的同时，也减少了水在输送过程中的渗透，起到了节约用水的作用，一举多得。村庄改造稳步推进，村容村貌明显改观。该村积极发动农户进行改水、改厕、改厨，"三改"完成率达

100%；大力建设沼气池，沼气入户率达 100%，落实了"村村通"工作。

4. 土地整治，利国利民

土地流转能够有效提高土地资源配置效率，为农业规模化、集约化、高效化经营提供广阔空间。在上思县实施的土地整治示范建设任务中，通过改造中低产田、建设高标准农田，将农村土地整治与农业现代化、农田水利设施修建、标准农田建设等紧密结合，进一步提高了粮食产能及治理水土流失和农业生产的抗灾害能力，让农业设施得到完善。对杆青村村民来说，土地整治带来的最大好处就是降低了他们的劳动强度，节约了生产成本，增加了家庭收入。

（四）经验总结

与土地整治项目关系最密切的是农民，应该将保护农民的合法权益放在首位。在实施土地整治的过程中，应以促进农民有效地使用土地实现农业增收、农村发展为出发点和落脚点，在施工过程中多与农民群众沟通，详细讲解项目建设目的，让农民群众更好地理解项目建设意图，了解土地的流转方式，加快实现农业的现代化，增加农民获得收入的途径。

六、基础设施改造：河池市东兰县武篆镇东里村、那烈村、巴学村土地整治项目

（一）项目基本情况

1. 项目概况

项目位于河池市东兰县，涉及东里、那烈、巴学 3 个村，项目批复总投资 1369.50 万元，实施总面积 365.20 公顷。项目建设内容主要包括土地平整工程、农田水利工程、田间道路工程以及其他工程等。东兰县地处桂西

北、云贵高原南缘、红水河中游，属亚热带季风气候区，气候温和，雨热同季，雨量充沛，自然资源十分丰富，全县森林覆盖率达80.15%。东兰县武篆镇是典型的喀斯特地貌石山区，经济基础薄弱，以农业为主，主要种植水稻、玉米、黄豆、木薯、旱藕、猫豆、蔬菜、甘蔗、八角等。

2. 项目特色

（1）项目区域文化背景优越。武篆镇是中国早期农民运动领袖韦拔群和中共右江特委书记、右江工农民主政府主席、红七军第二十一师政委陈洪涛的故乡，是邓小平、张云逸等人领导红七军战斗过的地方。境内革命遗址众多，其中自治区级文物保护单位和自治区级爱国主义教育基地有列宁岩、魁星楼；县级文物保护单位有银海洲、武篆小学、韦拔群故居、小龙潭、龙砦岩等。

（2）项目所在地政府大力支持。政府成立相应领导小组，充分调动各方力量和工作积极性，全力推进土地整治项目。建立工作调度机制和督办机制，及时汇总解决工作推进中的问题和困难，加强对项目工作推进的督导和督促，确保工作顺利推进。

（3）项目区域资源禀赋优越。"红水河第一湾"是国家AAAA级景区，位于三石镇板文村。红水河在东兰县板文村境内拐了一个大弯，形成一个U形的大峡谷，山环水绕，碧如玉环，中间主峰如神龟静卧，两岸峰丛对称排开，谷底河滩几十个水潭或对称或连通，奇妙非常。山间林木翠绿葱茏，猕猴跳跃，百鸟争鸣。

3. 存在问题

（1）水利设施失修，生产道路没有硬化。项目区水利渠道年久失修，存在严重的灌溉渗漏问题，灌溉农田成了"老大难"，珍贵的水资源在输送过程中大量流失；另有几百公顷的农田是典型的跑水、跑土、跑肥的"三跑田"；田间道路窄小弯曲，遇到阴雨天气就会变得泥泞不堪，给当地村民的生产生活带来了极大不便。在土地整治项目实施前，不仅种植庄稼靠天吃饭，而且村民耕种收割基本上全是人背畜驮，农业生产效率低下。

（2）农村基础设施落后。河池市东兰县武篆镇属于边远穷山区，农村基础设施建设相当落后，有的村屯不通水、不通路，群众吃水难、行路难问题长期得不到解决。

（3）自然灾害形势严峻。土地整治前，当地遭受严重、持续的秋春冬三连旱，旱情极为严重，村民生产生活用水极为困难。

（二）项目具体做法

1. 修建农田水利

东兰县武篆镇通过土地平整、新修农田水利等工程，不仅使每家每户的耕地都增加了几分（1分≈66.667平方米），还提升了机械化水平。项目实施后，拖拉机可直接开到田间地头，收割机一天就能收完一大片耕地，大大提高了耕作效率，增加了农田作物产量及农民收入。

2. 硬化农村道路

硬化的水泥道路直通农户家门，方便了群众，务农、子女上学、运输等各类出行都方便了许多，运输业的发展也更加便捷。

3. 美化村容村貌

原东兰县国土资源局按照建设"三农"的要求，扎实推进社会主义新农村建设，全面落实科学发展观、构建社会主义和谐社会的要求，以"生产发展，生活宽裕，乡风文明，村容整洁，管理民主"为解决"三农"问题的原则，切实把"三农"问题落到实处。

4. 依法管地，倾心呵护"生命线"

东兰县将基本农田保护作为工作的重中之重来抓，把基本农田保护责任制落实到乡（镇）、村屯、个人，集中力量、集中时间，对全县基本农田数量、质量及每一地块进行全面清查，到现场进行比对，再由村组负责人指界。荒山种上了经济林，防止沙化、石化的发生，有效防治地质灾害。

（三）项目成效

1. 增加耕地面积，提高耕地机械化水平，提升农民收入

项目实施后，不仅完成了土地平整、新修农田水利等工程，还硬化了农村及田间道路，修建了贯穿村屯的污水排放道。如今，这里铺设的是一条条能供车辆、农用机械行驶的水泥大道，灌溉用的是方便快捷的给水渠，耕种用的是规模化的平整土地。通过项目整治，农村土地利用率大幅提高，村民生活条件不断改善，经济收入逐年增加。

2. 实施土地整治，拓宽农民收入来源

土地整治后，项目区内更适合发展现代农业。通过引进县外强优企业投资、盘活农村土地流转，部分村民组成运输队发展运输行业，空余时间外出打工等途径，农民的收入增加了，农民的经济来源日益多元化。

3. 实施土地整治，美化农村村容村貌

通过公路交通建设、种植经济林，联合旅游、文体等部门丰富发展乡村文化等工作，美化农村环境，提高农民生活的幸福指数。

（四）经验总结

1. 结合土地整治项目的开展，原东兰县国土资源局以确保人民群众生命财产安全为目标，以预防避让和搬迁治理为抓手，积极开展地质灾害调查、巡查、监测和治理工作。

2. 原东兰县国土资源局坚持依法行政，以阳光政务推进土地整治项目。通过开展党风廉政建设和制度建设，从源头抓起，有力地促进了干部职工思想素质和行业作风的提升和改进；制定了《党风廉政责任书》，层层签订责任状，纳入国土资源目标管理，将精神文明和业务工作一起部署、一起落实、一起检查、一起考核，树立正确的权力观、地位观、利益观，真正做到为民、务实、廉洁。

七、生态环境保护：百色市西林县八达镇花贡村、土黄村、木呈村土地整理项目

（一）项目基本情况

1. 项目概况

项目位于百色市西林县八达镇，涉及花贡、土黄、木呈等 3 个村，总投资约 4500 万元，实施规模 1363.63 公顷。西林县物产丰富、品质优良，西林砂糖橘、西林麻鸭、西林姜晶、西林火姜获批为国家地理标志保护产品。西林县先后荣获"全国有机农业（茶叶）示范基地""全国重点产茶县""全国十大生态产茶县""中国砂糖橘之乡"等称号。

2. 项目特色

（1）国家战略优势明显。西林县位于广西的最西端，地处桂、滇、黔三省（区）接合部，致贫原因复杂、典型，集"老、少、边、山、穷、库"于一身，曾是广西的贫困县之一。

（2）项目区域资源禀赋优越。西林县有砂糖橘、白毫茶、生姜、麻鸭等农副土特产品；有铁杉、云南松等珍贵树种；有云豹、黑叶猴、恒河猴等野生动物；有辉锑矿、磷矿、钙土矿等矿产。

（3）政府大力支持。首先，西林县人民政府、原西林县国土资源局等部门全力支持，成立了土地整理项目工程建设领导小组，制定了全县土地整理项目实施方案和各个具体项目的实施方案。其次，原西林县国土资源局从项目的申报到实施始终坚持创新观念、规范运作、加强组织领导、注重制度

建设、强化项目管理、狠抓工程质量。再次，依靠群众，服务群众。土地整理中心工作组始终坚持"从群众中来，到群众中去"的工作方法，动员群众、依靠群众做好项目的土地权属调查和土地调整分配等工作，赢得了群众的支持。最后，土地整理中心在施工过程中严把工程质量关和环境保护关。土地整理项目实行项目法人责任制、总监负责制和项目经理负责制，质量事故坚持"一票否决，终身负责"。

3. 存在问题

（1）西林县八达镇花贡村地处山腹中间的河床，浅窄低凹；砂砾石块堵塞河道，遇到洪水，庄稼就会被淹没，颗粒无收。2006 年花贡村花贡屯曾修建一道防洪墙，墙体高约 1.4 米，底宽约 60 厘米、顶部宽约 40 厘米。但是 2007 年夏天，一场暴雨引发了洪灾，洪水使得西林县城变成一片汪洋。洪水冲击山体冲刷下来的砂砾石块沉积在河床底部，致使河床位置抬高、河道摆动，进而损毁农田，导致农民辛苦播种的粮食作物失收，损失高达数十万元。

（2）花贡屯有效耕地面积少，土地质量低，很多村民只会埋头种地，不注重管护和养护，造成土地质量越来越差，产量越来越低，闲置的土地也越来越多；土地得不到好的照料，石漠化日益加剧，村里环境也被破坏。

（3）花贡屯的田间路和生产道路很少，并且路面全部是自然土层，路面过窄，坡度过陡，雨天路滑，村民行走极为困难。农业生产长期靠人工背驮，不仅耗工费时，而且效率极低。

（二）项目具体做法

1. 新建防洪墙"拯救"花贡屯农田

西林县人民政府、原西林县国土资源局为花贡屯修筑一道更加坚固、防洪级别更高的防洪墙，由西林县土地整理中心实施。土地整理中心找来技术专家，仔细勘察花贡屯地区，分析得出原农田受水毁的原因之一是原河床浅窄，导致洪水来时带来的砂、石填埋农田，只有对河道进行疏浚，才能提高河道抗洪能力。根据《堤防工程设计规范》的要求，结合项目区实际，按10年一遇洪水标准计算堤顶高程及河流冲刷情况。按《水工挡土墙设计规范》确定防洪墙工程按四级建筑物标准进行稳定设计。建成后，坐落在花贡屯的防洪墙，成了花贡屯村民安定生活的"守护墙"。

2. 平整复垦工作变"贫瘠地"为"沃土"

西林县土地整理中心多次到花贡屯实地调研后，发现花贡屯的情形不同于同时期进行土地整理的土黄村和木呈村，因此在开展土地平整时，主要对靠河两岸地形平缓的荒草地及水毁耕地进行平整复垦。对于花贡屯中部的水毁耕地及荒草地，在防洪墙工程及河岸两侧田间路修建完成后开展复耕。由于水毁农田的范围相对集中在花贡屯片区中部及河流下游，土地整理项目开始后，片区中部通过修建防洪护墙填高地面，将水毁农田按地形要求沿河道走向梯级布设并与相邻耕地地块合并，形成较大的水平耕作区域，为将来发展机械耕作打下基础。

3. 修建田间路打通产销"督脉"

利用防洪墙开挖的砂砾石修建田间路，采用田间路与防洪墙相结合的办法沿河岸两侧修建田间路，与南面乡道组成区域道路骨架。在花贡屯修建田间道时，西林县土地整理中心工作人员结合当地实际情况，想出一个"妙招"：将土地平整中开挖出来的砂砾石块用到修建田间路的项目中去。这种就地取材的做法，既解决了平整土地中砂砾、石块的去处问题，又节省了花贡屯修建田间路的原料花费。

（三）项目成效

1. 生态环境得到了极大的改善

通过实施土地整理项目，项目区生态环境得到了极大的改善，水土流失、石漠化现象得到有效缓解。裸露的山体覆盖上了绿油油的植被，泥泞的乡道变成了平坦的沥青路，绵延数公里的防洪墙、集中规整的田地、成片的甘蔗林，尽是一片片葱郁的景色，农业基础条件得到很大提升，百姓的生活环境有了很大改善。

2. 增加有效耕地面积

项目通过土地平整，对靠河两岸地形平缓的荒草地及水毁耕地进行平整复垦，农田按地形要求沿河道走向梯级布设，并与相邻耕地地块合并。土地平整完成后，花贡屯新增耕地面积237亩，人均增加3～4分地，耕地面积比以前成倍增加。土地平整时保留了耕层熟土，打碎土块，深耕细作，使得平整后的田块有利于作物的生长发育和今后的田间机械化作业。土地平整有效地改善了区域的农业耕作条件，提高了土地的利用率，土地收益显著提高，为今后农业经济的集约化经营打下了基础，最终实现高效农业，对增加农民收入、维护农村社会稳定和构建和谐社会具有积极意义。

3. 实现与外界的沟通

项目通过利用防洪墙开挖的砂砾石修建田间路，把弯弯曲曲的泥泞路变成了宽阔平整的道路，使农作物运输更加高效省时，修建的田间路成了村民的致富路。村民们把自给自足后余下的农副产品运到县城农贸市场售卖。修路既为农民带来了更多的收入，又满足了村民与外界的沟通需求。

（四）经验总结

1. 建立专门领导机构，完善制度建设

为了确保土地整理项目有实效、达到惠民目的，原西林县国土资源局

成立了土地整理项目工程建设领导小组，从项目的申报到实施始终坚持创新观念、规范运作，加强组织领导、注重制度建设、强化项目管理、狠抓工程质量，建立健全了招投标、监理、合同、公告、资金审计等方面的各项制度。

2. 加强项目监管，全力服务群众

土地整理中心工作组始终坚持"从群众中来，到群众中去"的工作方法，动员群众、依靠群众做好项目的土地权属调查和土地调整分配等工作，赢得了群众的支持。

3. 加强质量把控，建立责任追踪制度

土地整理中心在施工过程中严把工程质量关和环境保护关。花贡屯土地整理项目实行项目法人责任制、总监负责制和项目经理负责制，对质量事故坚持"一票否决，终身负责"。

八、新农村建设：贺州市八步区贺街镇临贺古城土地整治项目

（一）项目基本情况

1. 项目概况

项目位于贺州市八步区贺街镇，总投资 2255.93 万元，实施规模 600.00 公顷。贺街镇位于贺州市八步区中部，境内大部分为丘陵地带，四周有小山脉，最高山脉为瑞云山，海拔 909.7 米。中部由于临江和贺江常年冲积，地势低平，形成小盆地态势，土质为黄红壤和冲积土。气候属亚热带季风气候，四季分明，光照充足，雨量充沛，年均降雨量 1682 毫米，年均气温为 22.1℃，全年无霜期 299 天。因其自然条件，成为广西区内外久负盛名的千年古镇和蔬菜水果生产基地。2011 年，贺街镇全镇财政总收入达 2065.9 万元。经过土地整治，2017 年贺街镇完成社会固定资产投资 20.90 亿元；财政

收入 1838.8 万元。其中，国税收入 1095.9 万元，地税收入 592 万元，非税收入 150.9 万元；完成招商引资 5.81 亿元；城镇居民人均可支配收入 3.18 万元，比上年增长 8%；农村居民人均可支配收入 1.06 万元，比上年增长 10%。

2. 项目特色

（1）建设新农村，改善村容村貌。在改善村容村貌方面，贺州市八步区贺街镇临贺古城土地整治项目区的西南村走在了前列。西南村里建设了村内道路硬化工程和修建了村内排污沟，在人口集中的村落内，硬化村内道路，改善农村交通条件，使村道整洁宽敞，便于居民出行。同时结合村内规划的水泥路布置排污沟，进一步改善村里的卫生条件。在宅基地上，房子统一规划，青瓦白墙。在村头的休闲活动区，各种休闲活动设施齐全，大大丰富了村民的精神文化生活。

（2）修道渠，完善基础设施。土地整治项目在充分考虑项目区周边的环境和原有的道路系统的基础上，因地制宜规划项目区内的田间路和生产路，将区内的道路线路缩短，修建与生产路、规划田块、居民点相协调的田间路，方便村民们相互间的联系且便于田间的生产管理。修建田间水渠等水利基础设施，水渠全部用水泥铺设，防止渠道渠段崩塌、淤积，将引水渠道修建到村民们的田头上，水利建设完善、规划合理。完善的基础设施和便利的交通条件吸引了外部资金实施大规模的蔬菜种植，项目区引进新品种并建立试验田。

（3）平整土地，增加耕地面积。项目区耕地零散小块、人均耕地较少，为改善耕地面积少的现状，土地整治工程根据土地整治片区的原有地形地貌和田块特点及路、渠走向等条件确定土地平整措施。土地整治项目区将原来分散的小块土地按照原来的亩数合并成了大块，并且根据就近原则，将村民的土地划归到接近村民居住区的地方，方便村民耕种。实施土地整理后，项目区新增耕地面积 18.05 公顷，新增耕地率为 3.01%。

3. 存在问题

贺州市八步区贺街镇项目区自然灾害比较频繁，旱、涝等自然灾害几乎每年都有不同程度的发生，给农业生产带来极大的危害。据了解，项目区内除西南村有两条引自南堂河的引水干渠及部分已经硬化的渠道外，其他灌溉渠道多为土渠，部分渠道渠段崩塌、淤积严重、杂草丛生，渠系水利用率非常低，影响灌溉，并且多数渠道为群众根据自家田块灌溉需要自发修建，缺乏总体规划及布局，水利用系数不高，有待改善。

（二）项目具体做法

1. 合理规划耕地，切实增加耕地面积

项目区内耕地零散小块，且当地人均耕地较少，根据现场调查和当地群众的意愿，本次土地整治项目选定了 1 个片块进行土地平整。该片块位于洛湛铁路边，靠近新兴寨。土地平整面积 5.90 公顷，土地平整区的田块规划根据片块原有的地形地貌，结合原有田块特点及路、渠走向等进行确定，田块长度、宽度根据实际情况在符合工程建设标准的范围内进行适当调整。由于平整区域局部高差较大，项目组在两个田块之间设置挡土墙，以防止平整后田面坍塌。针对项目区内未利用的其他草地，项目组采用机械进行平整造地，参照附近田块高程将新开地并入附近田块中，使新增耕地与附近田地连片成块，成为高产、稳产田地。

2. 完善基础设施建设，实现路路相通便利出行

项目在充分考虑项目区周边的环境和原有的道路系统的基础上，重新规划了区内的田间路和生产路，将区内的道路线路缩短，修建了与生产路、规划田块、居民点相协调的田间路，方便了村民们相互间的联系，同时便于田间生产管理。道路通达以后，吸引了社会资本投资大规模蔬菜种植，引进

新品种建立试验田，农民致富途径拓宽，受益良多。

3. 科学配置水资源，实现旱能灌涝能排

"旱能浇、涝能排"高标准农田建设是确保粮食安全、提高农业综合生产能力的决定性因素。项目区紧密结合区域内水土资源条件、社会经济发展情况以及国家粮食安全保障需求，在对农田水利工程建设、管理现状及存在问题进行综合分析的基础上，按照"耕地灌区化、灌区节水化、节水长效化"的思路和"统一规划布局、统一水源配置、统一技术标准、统一稽查验收、统一管理体制、统一调度运行"的要求，坚持按"统筹城乡发展，科学配置水资源"的原则进行整治。通过集中资金投入，相对集中连片建设、配套改造，最终形成规模，发挥工程总体效益，彻底改变农田水利设施建设严重滞后的现状，提高农业抗御自然灾害的能力。

（三）项目成效

1. 村容新貌干净整洁，民风淳朴

在村容村貌方面，西南村实施了村内道路硬化工程和排污沟修建工程；将村民住宅集中区内的房屋统一规划；建设各种休闲活动设施，方便村民开展文体活动。村内基本实现道路硬化，村道整洁宽敞，农村交通条件大为改善，便于居民出行；同时结合村内规划的水泥路布置排污沟，进一步改善村里的卫生条件。

2. "数字＋助农"模式，实现农产品网络销售助农增收

村里的土地经过整治后，不论农户是自主承包经营，还是通过转包、出租、入股等形式的流转，都得到了实惠。公路的畅通也给农民的经济创收带来了不小的贡献，许多企业的收购车直接开进了农民的田头进行收购。

经过土地整理，极大地改善了农业的生产条件，提高了土地的适宜性，整理后的种植结构可随市场需求及时调整。依据种植结构，结合市场

需求，项目实施后，项目区将以种植水稻、淮山、蔬菜为主。项目区原有 293.80 公顷土地种植水稻（双季稻），144.88 公顷土地种植淮山，9.64 公顷土地种植蔬菜；经过整理后，299.07 公顷土地种植水稻，157.66 公顷种植淮山，9.64 公顷种植蔬菜。项目实施后，水稻产量将由 800 千克/亩增加到 900 千克/亩，每亩增产 100 千克；淮山产量将由 2500 千克/亩增加到 2530 千克/亩，每亩增产 30 千克；蔬菜产量将由 1500 千克/亩增加到 1600 千克/亩，每亩增产 100 千克。

（四）经验总结

采取自上而下的模式，完善组织机构，强化项目管理。原贺州市国土资源主管部门成立了土地整理项目工程建设领导小组，狠抓工程质量，建立健全招投标制度、监理制度、合同制度、公告制度、资金审计制度等。同时，全方位调动行政、经济、法律、工程技术、生产技术等手段来共同推进监督项目实施。

九、开垦造地：蒙山县新圩镇四联村土地开垦项目（一期）

（一）项目基本情况

1. 项目概况

项目位于梧州市蒙山县新圩镇四联村，总投资 455.63 万元，实施规模 114.4156 公顷。蒙山县位于梧州市西北部，大瑶山之东。新圩镇境内四面环山，中为小盆地，地势自北向南倾斜，属亚热带季风气候，气候温和，雨量充沛，雨热同期，光照充足，无霜期长。新圩镇粮食作物以水稻、玉米为主，盛产优质稻米，生产的"七桂粘"优质米在广西内外享有盛誉。其他主要经济作物有蔬菜、桑树，畜牧业以饲养生猪、牛、鸡、鸭等为主。

2. 项目特色

（1）结合实际，科学论证。蒙山县结合自身地形多为丘陵山区、耕地面积少、土壤多为山地土的自然资源情况，提出通过土地整治来盘活全县土地资源，增加耕地数量，提升土地产能，并以此推动农业产业化、现代化生产。在项目立项之前，原蒙山县国土资源局组织有关技术人员进行实地调研，选取能够开垦的地块，对项目可行性做科学论证，确保实施土地开垦不会破坏生态、造成水土流失等地质灾害。

（2）建立协同联动工作机制，全力推进项目建设进程。项目建设期间，蒙山县建立"政府主导、国土资源部门牵头、相关部门配合、群众参与"的协同联动工作机制，全力整合各部门农田水利资金，配套跟进、集中投入，优先围绕土地开垦项目安排资金，充分发挥资金集中使用的叠加效应和规模效益。其中，蒙山县人民政府分别对项目建设情况和土地权属调整方案进行通告，通过出板报、宣传标语等形式进行宣传，让全体干部和群众共同支持项目建设，共同推动项目发展。

3. 存在问题

蒙山县新圩镇群山环抱、丘陵起伏，荒山杂草丛生，道路不通；山区路途陡峭，机械类工具难以上山，想要在山上开垦土地，需要很多人力；在开垦的过程当中，可能会遇到各种各样的地形问题，还有山区土壤质量的问题；土地开垦项目累计投资较大，蒙山县经济欠发达，经济总量小，资金筹措难度大。

（二）项目具体做法

1. 确保占补平衡，严守耕地红线

项目以保护和合理利用耕地、促进节约集约用地为根本出发点，着力于增加耕地面积、提高耕地质量、保障粮食安全、改善农村基本生产生活条件；挖掘后备资源，保障耕地开垦工作。

2. 结合实际把项目建成民心工程

蒙山县成立项目实施领导小组，全面加强项目管理，根据项目区的实际情况制定工作方案，层层落实责任，推动项目顺利启动和实施。坚持土地整治项目区选择和规划实施"五个结合"：与新农村建设相结合，统筹安排田、水、路、林、村的综合整治，切实改善农民的生产和生活条件；与旱涝灾害相结合，积极开展旱涝灾害防治；与农业现代化相结合，引进龙头企业进行农业产业化综合开发，推进区域化布局；与生态环境保护相结合，突出绿色生态建设，不填河，不毁林，不破坏生态环境；与治理荒山荒坡相结合，做到宜耕则耕、宜果则果、宜林则林。

3. 加强管理，把项目建成亮点工程

项目推进过程中，始终以"三高"为目标：高质量，创造优良工程，打造亮点；高速度，抢抓季节，不误工时；高要求，既达到项目验收标准，又实现项目效应。成功引进农业龙头企业广西广安农业发展有限公司，进行规模化、机械化生产，推动农业现代化建设。

4. 整合资源，将项目打造成精品工程

土地开垦项目累计投资较大，蒙山县经济欠发达，经济总量小，资金筹措难度大。为了稳步推进项目，蒙山县积极探索解决办法。按照"渠道不变、用途不变，各负其责"的原则，积极整合各级各项农田水利资金，配套跟进，集中投入，有效突破了资金投入相对不足的瓶颈。同时，全县各大项目统一推进，充分发挥各大项目资金集中使用的叠加效应和规模效益，实现"抓好一个点，带动一大片"的良好效果。

（三）项目成效

项目的实施对提高项目区土地的保土、保水、保肥能力，使自然资源、技术、生产能力等各方面协调发展，促进自然与生态、生态与生产的良性循环，为当地的经济可持续发展起到了很大的推进作用。

1. 提高了项目区土地的保土、保水、保肥能力

项目实施后，该项目新增耕地 104.8903 公顷，土地的肥力得到较大的提高，适宜种植耐旱、耐酸、抗逆性强的作物品种。

2. 改善了农业生产条件，促进农业可持续发展

通过土地开垦，项目区内道路、灌溉排水工程全部配套，建立起互联互通的道路网络和排灌网络，极大地改善了项目区内的农业生产条件，提高了农业生产效率。完善的农业生产设施，便于生产结构调整，降低农业生产风险，从而保证农业生产的稳定发展，促进农业的可持续发展和农村经济可持续增长，对增加农民收入、维护农村社会稳定具有积极意义。

3. 促进了自然与生态、生态与生产的良性循环

项目建成后，缓解了旱涝灾害，有效防止了水土流失，确保农作物正常生长，起到美化环境的作用，有效促进了自然与生态、生态与生产的良性循环。

（四）经验总结

1. 拓宽资金来源渠道

充分聚合及利用各部门资金，解决资金缺乏问题，实现耕地保护目标，综合利用土地开垦成果，建设新农村。

2. 推动现代农业发展

引入现代农业，推动农村经济的转型升级，提高农民收入并改善生态环境，实现农业可持续发展。

3. 重点打造精品工程

项目实施过程中，政府高度重视，注重服务，打造土地开垦服务新农

村建设的精品工程。

十、桂中治旱：来宾市兴宾区小平阳镇甘秦村等土地整治项目

（一）项目基本情况

1. 项目概况

"桂中治旱"工程是国务院重点水利工程，也是广西灌溉面积最大的灌区工程，设计灌溉面积达128万亩，惠及来宾市忻城县、合山市、兴宾区和南宁市宾阳县等地共25个乡镇228个行政村。本项目是"桂中治旱"土地整治重大工程的子项目，位于来宾市兴宾区小平阳镇，总投资3865.00万元，实施规模1321.20公顷。小平阳镇位于兴宾区南端，距离来宾市区43公里，北回归线横贯境内，泉南高速公路、湘桂铁路纵贯全镇南北，是来宾、南宁、贵港三个市的接合部，素称"金三角"，是兴宾区南部几个乡镇的政治、经济、文化和贸易中心，也是来宾市的南大门。小平阳镇农作物主要有水稻、玉米、花生、黄豆、甘蔗、烟草、芝麻等，其中花生外销广东、湖南等地，闻名全国。

2. 项目特色

"桂中治旱"工程可为灌区内近150万人提供水源，有力改善区域生态环境。2022年12月，工程干渠全面通水，年内调水达3亿立方米，实现灌溉面积65万亩。

3. 存在问题

（1）旱季缺水、雨季洪涝，且缺少完善的排灌设施。项目区因其特殊的地理环境，在旱季存在缺水的问题，农田没有固定的水源，属于彻彻底底的"望天田"；农户只能选择种植玉米、甘蔗等对水量要求不高的作物，而

且产量低，收入少。到了多雨季节，由于地势的原因，农田也经常会遇到洪涝积水，给农作物带来很大的损失。

（2）乡村道路建设滞后，人居环境较差。项目区村庄内部道路狭窄且崎岖不平，路边野草多，未硬化的村内道路扬尘污染严重，影响村庄的整体环境。道路存在坑洼、狭窄、弯急等各种安全隐患，给村民的出行带来潜在的危险。

（3）土地零碎、不平整，农用地格局凌乱。项目区大多属于丘陵地区，土地中的石头很多，且由于历史原因，农户手中的田地大多是零碎分散的。这样的田地既不便于使用机器耕作，也不利于发展规模经营。

（二）项目具体做法

1. 大力兴修水利排灌渠道，优化灌区水系网络，提升治旱能力

为解决项目区灌溉用水问题及小平阳镇的特殊需要，本次土地整治建造了双排孔的渠道，能在雨天排水更多，用时更短，有效降低农作物被淹没的风险。在修建水渠的过程中，对各类渠道的长、宽、深、厚、坡度，砌体材料、现浇、批挡、勾缝质量情况，水利工程应做的伸缩缝、沉降缝、沉沙地的质量情况，田块灌排水口及预留闸板槽口都做了细致的标准规定，在施工完成后还进行具体的检验工作，保证排渠最大程度地发挥作用。通过实施多形式斗渠工程，加强项目区农业水利设施建设，提高了灌区供水保障能力，扩大了灌区灌溉范围，强化了水稻、甘蔗等大宗农作物旱涝防御体系，保障农业增产增效。

2. 建设村庄道路，提升村民生产生活的便利度和幸福感

本项目对项目区的田间道路进行建设，使其布局合理、顺直畅通，满足农业耕作和生产生活的需要，方便农业生产和农民田间作业。田间道路在修建的时候还特别增设了专有的"下田坡道"，可以满足土地整治之后大机

器耕种的需求。此外，还对村庄内部道路进行了硬化，使其能够适应大规模机械化生产的运输要求。

3. 实施土地平整工程，推动农田集中连片，开展规模化高效农业产业

项目区将现有荒草地等整理为耕地，降低田埂系数；把零碎田块整理成标准格田，增加耕地面积。同时，通过工程、技术措施对项目区内的中低产田进行改造，促进规模经营和农机作业，逐步实现土地、劳力、技术、资金等生产要素的优化组合，从而实现农田耕作的模式化、专业化和标准化。

（三）项目成效

1. 完善农田水利设施，降低生产成本

小平阳镇项目修建灌渠 64 条 37.54 千米、排渠 57 条 47.561 千米，渠道在平整后的农田里四通八达。随着乐滩水库的完工，以及与来宾市其他各县乡的对接，小平阳镇结束了"靠天吃饭"的原始灌溉模式，达到了"旱能灌、涝能排"的效果。新修建的排渠充分发挥了节水增效的作用，一方面确保项目区内的农田旱涝保收；另一方面节约耕地用水量，减少了农民群众的水费支出，使项目区的农民群众真正实现增收节支。

2. 乡村道路硬化、升级改造，打通乡村"振兴路"

通过实施土地整治项目，甘秦村的村级道路得到硬化，解决了村民出行难的问题，让百姓得到了切实的获得感和幸福感。同时，也打通了城乡一体化发展的梗阻，促使硬化道路延伸成为农民致富增收的"振兴路"，增强了全镇群众乡村振兴的信心和决心。

3. 引入"合作社+基地+农户"模式，发展特色产业

小平阳镇甘秦村按照"发展生产脱贫一批"的扶贫工作目标，大力推进产业扶贫工作，培育发展扶贫主导产业，提升产业扶贫效益。2019 年，该村根据镇里产业扶贫政策、依托龙头合作社帮扶带动、实施"一户一增

收"产业项目，推行"合作社＋基地＋农户"的扶贫模式。土地整治项目实施后，全村开始种植"短平快"的中药材——吴茱萸，种植规模约 100 亩，按每千克 120 元的市场价，亩总产值约达 1.3 万元，扶贫产业初显成效。

（四）经验总结

1. 强化组织，加强领导

为确保土地整治工作的有序开展，成立由区人民政府分管副区长任组长、区政府相关部门为成员的土地整治工作领导小组。领导小组办公室设在原区国土资源局，负责土地整治日常工作。各乡镇和相关部门也成立相应的组织机构，按照工作方案的要求，建立相关工作机制，分解落实工作任务和目标，做好土地整治工作，务求取得实效。

2. 统筹兼顾，协同配合

乡镇、各有关部门加强沟通协调配合，按照工作方案的要求，积极开展相关工作；对土地整治中发现的重大问题，特别是难以解决的问题，由各部门积极沟通协调、共同解决。对土地整治工作中好的做法和经验，通过报纸、网络宣传公示，正确引导社会舆论，加强媒体、社会公众监督，保证土地整治工作顺利推进。

第十一章

广西土地整治面临的
新形势、新要求

　　根据国家生态文明建设、乡村振兴发展战略，以及《广西壮族自治区国民经济和社会发展第十四个五年规划和 2035 年远景目标纲要》对广西土地整治提出的新要求，广西土地整治事业发展面临以下形势和要求：一是加强生态文明建设，土地综合整治坚持系统治理观念；二是深入推进乡村振兴，发挥全域土地综合整治平台和抓手作用；三是落实藏粮于地的战略，必须长期坚持土地整治主线；四是实施土地科技创新，激发土地整治事业发展内生动力。

一、加强生态文明建设，土地综合整治要坚持系统治理观念

　　生态文明是人类为保护和建设美好生态环境而取得的物质成果、精神成果和制度成果的总和，是贯穿于经济建设、政治建设、文化建设、社会建设全过程和各方面的系统工程，反映了一个社会的文明进步状态。党的十七大报告提出"要建设生态文明"，党的十八大报告提出，"建设生态文明，是中华民族永续发展的千年大计，关系人民福祉，关乎民族未来，功在当代，利在千秋。面对资源约束趋紧、环境污染严重、生态系统退化的严峻形势，必须树立尊重自然、顺应自然、保护自然的生态文明理念，把生态文明建设放在突出地位，融入经济建设、政治建设、文化建设、社会建设各方面和全过程，努力建设美丽中国，实现中华民族永续发展"。党的二十大报告提出，坚持山水林田湖草沙一体化保护和系统治理。我国自然资源工作会议中也指出，不仅要全面保护耕地，为人民收入提供保障，同时也要大力开展土地生态功能保护工作，才能为全人类的基础生存条件提供保护。

　　生态文明建设的各项要求，意味着时代主题要将山水林田湖草沙一体化保护和系统治理这一重要内容加入土地综合整治工作，土地整治要走向生命共同体建设，要将山水林田湖草沙一体化保护和系统治理作为土地综合整

治工作的根本遵循，高质量开展土地综合整治，全面提高土地承载能力，实现土地资源永续利用，推动绿色发展，促进人与自然和谐共生。土地整治要从以具体单个项目为整治统筹的形式，转变为以问题为导向，着重突出"山水林田湖草沙"系统治理，统筹运用土地整治、高标准农田建设、地质灾害治理、绿色矿山、城乡建设用地增减挂钩、城镇低效用地再开发、工矿废弃地复垦利用等相关政策和手段，全域规划、全域设计、全域整治，整体推进农用地整理、建设用地整理、生态保护修复和历史文化保护等多元目标任务的实现。

二、深入推进乡村振兴，发挥全域土地综合整治平台和抓手作用

自乡村振兴战略实施以来，我国农业生产能力不断增强，乡村人居环境显著改善，农民收入持续增加，乡村建设在各方面均取得重大进展。但随着工业化、城镇化和农业现代化的快速推进，乡村振兴发展过程中资源和环境约束日益严重的问题不断凸显。土地作为农民生产生活的空间载体，是乡村经济、社会和生态发展所依赖的重要资源，成为乡村全面振兴的重要突破口。

全域土地综合整治是一种基于国土空间规划，以农用地整治、农村建设用地整治、生态环境整治为主要内容，将山水林田湖草沙等全要素作为作用对象，以保护耕地、集约节约用地、改善生态环境为核心目标的土地整治模式。开展全域土地综合整治是通过规划管控和空间治理，将土地资源进行统筹整合，实现优化土地利用结构、提高土地利用效率和改善农村生态环境等多重功能。其不仅能够有效缓解乡村建设面临的资源和环境约束，而且是与乡村振兴目标相契合、推进乡村振兴战略顺利实施的重要平台和抓手，是推动乡村振兴和实现城乡融合发展的重要手段和必然途径。

为助推乡村振兴战略发展，新时代的全域土地综合整治要对"山水林田湖草沙"实现全面综合整治，实现乡村"资源—环境—生态"三位一体的综合整治。在农用地整理方面，集中连片管理耕地，完善配套农用设施，改良耕地土壤，做到增地优地节地活地；在建设用地整理方面，治理人居环境，配齐水电路网，配套相应的文、体、卫、养老设施，做到生产、生活水平全面提升；在乡村生态保护修复方面，稳定生态系统，强化生态功能，改善生态环境，实现乡村宜居；真正实现"要素—结构—功能"的全面转型。通过实施全域土地综合整治项目，聚合整治区域内自然资源、财税、水利、农业、农村、生态环境等各类政策，将水利、农业等各部门的项目、资金统筹到全域土地综合整治平台，充分发挥平台综合效益，助推乡村振兴。

三、落实"藏粮于地、藏粮于技"战略，必须长期坚持土地整治主线

习近平总书记强调，"粮食安全是国家安全的重要基础""要牢牢把住粮食安全主动权""要扛稳粮食安全这个重任"。党的十八大以来，逐步形成了新时期新的粮食安全观。党的十八届五中全会强调，实施"藏粮于地、藏粮于技"战略，坚持最严格的耕地保护制度，坚守耕地红线，提高粮食产能，确保谷物基本自给、口粮绝对安全。落实藏粮于地战略，要求积极拓宽补充耕地途径，提升耕地质量，补充可以长期稳定利用的耕地，要像保护大熊猫一样保护耕地，不断加大治理和建设耕地的力度。

土地整治作为增加耕地面积、提高耕地质量的重要手段，是落实"藏粮于地"战略的重要平台。通过土地整治可拓宽补充耕地途径，实施耕地后备资源开发、土地综合整治、城乡建设用地增减挂钩、历史遗留工矿废弃地复垦、高标准农田建设、优质高产高糖糖料蔗基地土地整治项目等，开展

土壤修复改良、提升基础地力，完善基础设施建设、改善耕地生产综合条件，全面提升耕地综合质量，提高耕地基础生产能力、综合生产能力及可持续生产能力。因此，实施"藏粮于地"战略，要坚持以土地整治为平台这条主线，持续推进土地整治，提高耕地质量。

四、实施土地科技创新，激发土地整治事业发展内生动力

党中央、国务院将科技创新作为提高生产力和综合国力的战略支撑，将其摆在国家发展全局的核心位置，相继出台了一系列激励科技创新的法律法规和政策措施。2018 年自然资源部印发的《自然资源科技创新发展规划纲要》，提出实施"一核两深三系"科技创新发展战略，明确了自然资源科技创新的目标任务与要求。土地整治事业的发展需要土地科技创新来提供动力支撑。破解制约土地科技创新的体制机制问题，要加快推进土地整治科技创新，提升国土资源承载能力和利用效率，有效缓解资源环境约束压力。

广西在土地科技创新方面做了大量的工作，初步构建了土地整治规划和技术标准体系，取得了一批土地整治技术成果：如土地利用形态重塑、生态修复、施工工艺与装备等层面的技术，并初步建立了土地整治科技创新平台，部分成果已用于实践，提高了土地整治的科技含量和工作成效。然而，广西土地科技依然面临总体形势不容乐观，科技创新步伐仍需加快的问题。一方面，广西中低产田面积较大，历史遗留的工矿废弃土地治理任务重；石漠化地区耕地破碎化等问题依然十分突出。这意味着亟须针对不同区域加快研发耕地质量提升、土地复垦、节水灌溉等技术；另一方面，为推进新型城镇化建设，也亟须加快节地模式和节地技术的创新。此外，广西提出2023—2025 年新建高标准农田 305 万亩以上的目标，亟需研发生态型的土地整治材料、装备和监测监管技术。这些需求充分表明，未来一个时期，土地整治科技创新前景广阔。

综上，要以经济社会发展、国家粮食安全、新型城镇化发展和生态文明建设对土地整治的重大需求为引领，以实施国家重点研发计划和开展不同区域典型技术研究为抓手，以完善土地整治科技创新制度为保障，以构建科技创新网络平台为支撑，制定并完善土地整治相关技术标准，开展土地整治相关技术研究，建设广西生态修复重点实验室，提高关键核心技术创新能力，激发土地整治机制体制的创新活力，推进创新驱动发展战略的实施，大力提升土地整治对经济社会发展、自然资源管理的支撑水平。

第十二章

推动土地整治工作高质量发展的策略

一、坚持规划引领，充分发挥土地整治优化空间布局作用

坚持以县级国土空间规划、乡镇国土空间规划和村庄规划为引领，以国土空间分区规划为法定依据，编制国土空间生态保护修复规划以指导土地整治项目的安排；传导落实规划目标任务和工程安排，确保土地整治项目与规划相衔接，以更高的规划站位带动全区土地综合整治工作的科学开展。通过国土空间规划、土地整治规划、单元详细规划、对城乡各要素资源进行整合，优化城镇农村用地布局结构，使得生产空间、生活空间、生态空间更加清晰。

二、坚持政府主导，构建社会参与大格局

土地综合整治是一个综合性平台，要发挥其作用，关键在于政府主导。要明确各级政府是项目的实施主体，是土地综合整治与生态修复工作的组织者，各级自然资源部门是具体项目的立项、申报、验收的牵头部门。只有通过政府主导，建立部门协同、上下联动、公众参与的工作机制，才能更好地推进工作。

土地整治工作是一个系统工程，需要全社会共同参与。土地整治工作要及时公开相关信息，让公众能够及时了解到项目建设过程中各个阶段的信息，建立健全土地整治的激励机制和问责机制，对在土地整治工作中作出突出贡献的机构、个人、组织等，要给予一定的物质和精神奖励，以激发公众参与土地整治的积极性。要固化公众参与环节，细化公众参与方式，畅通公众参与渠道，构建公众参与平台。要以科学发展观为指导，从实际出发，创新机制、整合资源、集中投入，努力形成全社会共同参与的土地整治格局。

三、树立系统观念，坚持整体保护和系统治理

党的二十大报告提出，推动绿色发展，促进人与自然和谐共生，强调坚持山水林田湖草沙一体化保护和系统治理，加快实施重要生态系统保护和修复重大工程等要求。这也是土地综合整治的根本遵循，要从优化国土空间布局的高度出发，坚持系统观念，体现"统一保护、统一修复"的综合治理理念，统筹高质量发展和高水平安全，为促进人与自然和谐共生夯实基础。

土地整治要坚持系统观念，从生态系统整体性出发，推进山水林田湖草沙一体化保护和修复。统筹协调土地整治系统中各元素的位置和职能，平衡各方权益，促进土地利用系统有序运行。将以具体单个项目为整治统筹的形式，转变为以问题为导向的工作思路。要树立整体意识和全局观念，以系统思维来配置资源和统筹整治，融合多目标、多功能，充分发挥土地整治综合作用。

四、坚持多元化投入，积极引入社会资本参与土地整治

土地综合整治的资金要从"财政投入"转化为"多元共投"。就当前而言，只有少数土地整治项目资金来源于企业或个人，绝大多数资金来源于政府财政投入。土地综合整治作为一项资金占用量大、投资回报期长的项目，从长远来看，仅依赖有限的财政资金远远满足不了需求，亟须寻找有效完备、可供推广的资金筹集方式。因此，需积极探索由政府、企业、个人等多元投入主体，形成外包式、股份式、私营式等不同结构的资金支撑模式。

广西壮族自治区人民政府办公厅《关于鼓励和支持社会资本参与生态保护修复的实施意见》（桂政办发〔2023〕30号）提出，要将全域土地综合整治作为社会资本参与生态保护修复的重点领域之一。各地应建立相关制度

和多元化投入机制，统筹各类项目和资金，充分利用开发性金融机构、政策性银行和社会资本等对全域土地综合整治的支持作用，拓展投融资渠道，探索市场化社会化运行机制，积极引入社会资本参与土地整治，从多种渠道满足土地整治资金需求，实现多元共投，保障整治工作持续有序地推进。

五、加大科技创新力度，积极发挥创新平台作用

当前，土地整治处于重要的发展机遇期，在国家实施创新驱动发展战略的大背景下，科学技术越来越成为土地整治事业发展的重要动力源泉。在新形势下，可根据党中央、国务院的决策部署，按照中央关于推进生态文明建设及农业现代化发展等文件要求，以经济社会发展、国家粮食安全和生态文明建设对于土地整治的需求为导向，以实施国家重点研发计划和开展不同区域典型技术研究与应用为抓手，激发土地整治体制的创新活力，推进创新驱动发展战略实施，大力提升土地整治对经济社会发展、自然资源管理的支撑能力和水平，依托南方石山地区技术创新中心和广西生态修复协会等平台，开展技术研发，注重成果转化和应用。

六、坚持以人为本，充分发挥集体经济组织和农民作用

土地整治的实施路径要从政府主导的"自上而下"模式向群众自愿、政府引导的"上下结合"模式转变，以市场需求为现实基础，以群众意愿为内在动力，以政府政策为外部引力，融合政府推动、市场配置与群众参与等多种方式，实现"上下结合"的综合治理路径。由乡镇政府组织引导并占据主导地位，充分发挥农村集体经济组织和农民的主体作用；支持村民自建，参与规划设计、工程施工和后期管护等环节的工作。对农田整治、植树造林、农村道路建设等技术要求低的简易工程，积极引导农村集体经济组织、新型农业经营主体或村民委员会组织当地农民进行工程施工，充分发挥

集体经济组织和农民作用。

七、强化人才支撑，加强土地整治机构人才队伍建设

围绕机构改革赋予土地整治机构的职责，以国家重大战略需求和中长期科技发展规划为导向，以学科理论和技术发展为核心，以重点实验室和中长期人才规划为支撑，有关部门积极与广西各高校合作，统筹规划，采取多种方式培养土地整治专业技术人才。广西生态修复协会充分发挥作用，搭建政企服务交流平台，开展专业培训，促进交流与资源共享；做好政策传递，加强行业管理，引导行业发展，为土地整治事业的持续健康发展提供专业支撑和人才保障。